二手车鉴定评估 基础与入门

中国汽车流通协会　组编

主编　宋双羽
参编　王　斌　李玉茂　徐红涛　刘爱军　朱　江

为了使广大消费者理解二手车"一车一况一价"的独特属性，树立购买二手车是绿色消费的理念，通过学习本书，使读者能够按照 GB/T 30323—2013《二手车鉴定评估技术规范》的要求，快速入门并且掌握一些简单判断二手车技术状况的方法和手段，并且根据技术状况鉴定结果和购买二手车的个性化需求，评估出所挑选二手车的价值，从而为后续的新车置换，二手车收购、销售、代购、代销、购买、拍卖、抵押、典当、保险、延保等需求打下良好的基础。

本书可作为二手车鉴定评估入门人员的培训教程和学习二手车交易知识的参考书，也可作为职业院校汽车相关专业的教材。

图书在版编目（CIP）数据

二手车鉴定评估基础与入门/宋双羽主编．—北京：机械工业出版社，2020.4（2024.8 重印）

ISBN 978-7-111-65131-4

Ⅰ．①二⋯ Ⅱ．①宋⋯ Ⅲ．①汽车－鉴定②汽车－价格评估 Ⅳ．① U472.9 ② F766

中国版本图书馆 CIP 数据核字（2020）第 049663 号

机械工业出版社（北京市百万庄大街 22 号　邮政编码 100037）
策划编辑：李　军　　责任编辑：李　军
责任校对：张晓蓉　　封面设计：马精明
责任印制：刘　媛
涿州市般润文化传播有限公司印刷
2024 年 8 月第 1 版第 2 次印刷
184mm×260mm ・ 13.75 印张 ・ 329 千字
标准书号：ISBN 978-7-111-65131-4
定价：89.90 元

电话服务　　　　　　　网络服务
客服电话：010-88361066　机　工　官　网：www.cmpbook.com
　　　　　010-88379833　机　工　官　博：weibo.com/cmp1952
　　　　　010-68326294　金　书　网：www.golden-book.com
封底无防伪标均为盗版　机工教育服务网：www.cmpedu.com

《二手车鉴定评估基础与入门》编审委员会

主　任　肖政三

副主任　罗　磊

委　员　宋双羽　王　斌　赵庚晟　冯金玲

前　言

　　二手车是汽车流通领域的重要环节，其上游直接反映新车的动态变化，下游则反馈消费者的各种需求，是汽车产业链的一个晴雨表。疏通二手车流通领域各种不合理的限制，会使我国的二手车行业产生二次腾飞，从而带动整个汽车产业链的重新组合，同时借助互联网平台的辐射作用，经过十几年的发展壮大，一个全方位、多层次、宽视角融合共享的二手车流通体系正在逐步形成。

　　二手车行业的主要形式是二手车交易，二手车行业的终极目标是追求消费者的持久满意度。为了追求消费者的持久满意度，就必须通过人、机、料、法、环5个环节的体系运作来实现。由此可见，人的因素是非常重要的，人才队伍的建设是重中之重，是二手车行业发展过程中不能忽视、不可或缺的重要环节。本书紧扣初级二手车鉴定评估师考试内容，读者对象包括二手车鉴定评估入门人员职业院校或者高等院校的在校生，从而为高校毕业生的就业指明了一条道路，使我国二手车行业能够不断地吐故纳新，吸引年轻有为高素质技能型人才的不断加入，从而持续增加二手车行业的活力。

　　由于编者水平有限，不足之处在所难免，恳请各位同行提出宝贵意见和建议。

编　者

目 录

前言

第1章 二手车鉴定评估基础 ... 1

第1节 汽车概述 ... 1
一、汽车的认识 ... 1
二、汽车的组成与布置形式 ... 5
三、汽车的技术参数与主要性能 ... 7
四、新能源汽车 ... 9

第2节 发动机 ... 12
一、发动机构造 ... 12
二、发动机电控系统 ... 28

第3节 底盘 ... 39
一、传动系统 ... 39
二、自动变速器 ... 44
三、行驶系统 ... 48
四、转向系统 ... 56
五、制动系统 ... 59

第4节 电气设备 ... 63
一、基本电气设备 ... 63
二、辅助电气设备 ... 71
三、汽车空调 ... 85
四、车载网络系统 ... 90

第5节 车身 ... 92
一、车身概述 ... 92
二、车身结构 ... 96
三、车身涂装 ... 100

第6节 汽车排放与安全技术 ... 102
一、汽车排放标准与报废标准 ... 102
二、汽车主动安全技术 ... 102
三、汽车被动安全技术 ... 106

第2章 二手车技术状况鉴定入门 ... 111

第1节 二手车技术状况鉴定基础 ... 111
一、二手车技术状况鉴定术语 ... 111

二、二手车的技术状况鉴定入门 ………………………………………… 111

第2节　二手车技术状况鉴定实操流程 ………………………………… 116
　　一、二手车检测仪器设备及工具 ………………………………………… 116
　　二、二手车鉴定评估实操流程 …………………………………………… 128

第3节　二手车价值评估基础 ……………………………………………… 144
　　一、二手车价值评估基本原理 …………………………………………… 144
　　二、现行市价法 …………………………………………………………… 148
　　三、重置成本法 …………………………………………………………… 150
　　四、保值率 ………………………………………………………………… 154

第3章　二手车鉴定评估实际操作 …………………………………………… 157

第1节　车辆唯一性的认定方法 …………………………………………… 157
　　一、机动车证件的核查 …………………………………………………… 157
　　二、机动车号牌号码、车辆类型和品牌型号的核查 ………………… 161
　　三、对机动车车窗玻璃年份进行核查 ………………………………… 161
　　四、机动车车辆识别代号的核查 ………………………………………… 162
　　五、机动车发动机号码（或电动机号码）的核查 …………………… 169

第2节　车辆过户流程 ……………………………………………………… 170
　　一、车辆过户基本概念 …………………………………………………… 170
　　二、过户基本流程 ………………………………………………………… 170
　　三、验车 …………………………………………………………………… 170
　　四、出具二手车销售统一发票 …………………………………………… 171
　　五、车辆转移登记 ………………………………………………………… 172
　　六、车辆保险变更 ………………………………………………………… 173
　　七、车辆过户流程表格 …………………………………………………… 173

第3节　二手车事故鉴定方法 ……………………………………………… 174
　　一、碰撞事故车修复鉴定 ………………………………………………… 174
　　二、泡水事故车修复鉴定 ………………………………………………… 195
　　三、火烧事故车修复鉴定 ………………………………………………… 199

第4章　实验教学部分 ………………………………………………………… 201
　　实验1　发动机结构 ……………………………………………………… 203
　　实验2　发动机电控系统结构 …………………………………………… 204
　　实验3　传动系统结构 …………………………………………………… 205
　　实验4　行驶系统结构 …………………………………………………… 206
　　实验5　转向、制动系统结构 …………………………………………… 207
　　实验6　基本电气设备结构 ……………………………………………… 208
　　实验7　辅助电气设备结构 ……………………………………………… 209
　　实验8　车身结构件 ……………………………………………………… 210
　　实验9　车身覆盖件 ……………………………………………………… 211
　　实验10　车身喷涂 ………………………………………………………… 212

第1章

二手车鉴定评估基础

第1节 汽车概述

一、汽车的认识

（一）汽车的定义

GB 7258—2017《机动车运行安全技术条件》对汽车的定义是：由动力驱动、具有四个或四个以上车轮的非轨道承载的车辆，主要用于载运人员和货物、牵引载运货物的车辆或特殊用途的车辆。

汽车是一种现代交通工具，经过一百多年的发展，已经成为人们日常生活中不可缺少的一部分。"汽车"的英文为"Automobile"，由希腊语"Auto（自己）"和"Mobile（会动的）"组成，英文直译为"自动车"。汽车在日本也称为"自动车"，其他国家也多使用"自动车"一词。

世界第一辆汽车于1886年问世，图1-1所示为两个座位和三个车轮的奔驰1号汽车，搭载四冲程单气缸发动机，最高转速400r/min、功率0.55kW，钢管式车架，最高车速16km/h。汽车技术不断发展到今天，已经成为由多个电子控制单元控制的行走机器，智能网联汽车、无人驾驶汽车也将要出现。部分汽车商标如图1-2所示。

图1-1 奔驰1号汽车（仿制品）

图1-2 部分汽车商标

（二）汽车的分类

为了满足加入WTO后与国际接轨的需要，从2005年开始，我国汽车行业实行的新的车型统计分类方法基本与国际通行的称谓一致,将汽车分为乘用车和商用车两大类。

1. 乘用车

乘用车在设计和技术特性上主要用于载运乘客及其随身行李或临时物品,包括驾驶人在内最多不超过9个座位。乘用车狭义上包括基本型乘用车、多功能车、运动型多功能车;广义上还包括交叉型乘用车,即微型客车与小型客车。

(1) 基本型乘用车

基本型乘用车通常以排量、车轴前后距离等相关的重要技术参数作为基准,分成A00、A0、A、B、C、D六个级别。

1) 微型车。微型车也被称为A00级车,其轴距在2.0~2.3m之间,车身长度在4.0m之内,搭载的发动机排量在1.0L左右。图1-3所示为奔驰公司生产的Smart微型轿车。

2) 小型车。小型车也被称为A0级车,其轴距在2.3~2.5m之间,车身长度在4.0~4.3m之间,发动机排量在1.0~1.5L之间。图1-4所示为一汽丰田公司生产的威驰小型轿车。

图1-3 奔驰Smart微型轿车

图1-4 丰田威驰小型轿车

3) 紧凑型车。紧凑型车也被称为A级车,其轴距在2.5~2.7m之间,车身长度在4.2~4.6m之间,发动机排量在1.6~2.0L之间。图1-5所示为一汽丰田公司生产的卡罗拉紧凑型轿车。

4) 中型车。中型车也被称为B级车,其轴距在2.7~2.9m之间,车身长度在4.5~4.9m之间,发动机排量在1.8~2.4L之间。图1-6所示为一汽奥迪公司生产的奥迪A4L中型轿车。

图1-5 丰田卡罗拉紧凑型轿车

图1-6 奥迪A4L中型轿车

5) 中大型车。中大型车也被称为C级车,其轴距在2.8~3.0m之间,车身长度在4.8~5.0m之间,发动机排量超过2.4L。图1-7所示为一汽奥迪公司生产的奥迪A6L中大型轿车。

6) 大型车(豪华车)。大型车也被称为D级车,其轴距超过3.0m,车身长度超过5.0m,发动机排量超过3.0L。图1-8所示为奥迪公司生产的奥迪A8L大型轿车。

图 1-7 奥迪 A6L 中大型轿车

图 1-8 奥迪 A8L 大型轿车

（2）多功能车（MPV）

MPV 可以看作是英文 Multi-purpose Vehicle 的缩写，中文意思是多用途汽车，它是集轿车、旅行车和商务车于一身的车型，拥有良好的舒适性、较强的实用性和灵活的空间。图 1-9 所示为上海通用公司生产的别克 GL8 多功能车。

（3）运动型多功能车（SUV）

SUV 是英文 Sport Utility Vehicle 的简写，中文意思是运动型多功能车，一般是指那些以轿车平台为基础生产、在一定程度上既具有轿车的舒适性，又具有越野车通过性的车型。图 1-10 所示为上汽大众公司生产的大众途观 SUV。

图 1-9 别克 GL8 多功能车

图 1-10 大众途观 SUV

（4）交叉型乘用车

交叉型乘用车是指不能列入上述三类车型的其他乘用车，这部分车型主要指的是 9 座及以下的客车，即旧分类中的微型客车与小型客车。微型客车由微型货车演变而来，俗称微面包车，如图 1-11 所示，长度在 3.5m 左右，发动机排量为 1L 左右，座椅数为 8 座及以下。小型客车比微型客车尺寸大，座椅数为 9 座及以下。

图 1-11 微型客车

2. 商用车

商用车主要指运送人员和货物的汽车，例如客车、货车等。

（1）客车

客车主要指用于运载乘客及其随身行李的商用车辆，包括驾驶人座位在内的座位超过 9 座。

（2）货车

货车主要指为载运货物而设计和装备的商用车辆，同时可以牵引一辆挂车。

（三）汽车产品型号与车辆识别代号

1. 汽车产品型号

在采用国际标准的车辆识别代号（VIN）之前，我国汽车的产品型号由企业名称代号、车辆类别代号、主要参数代号、产品序列号组成，如图1-12所示。

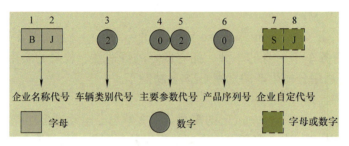

图1-12 汽车产品型号

1）企业名称代号。企业名称代号用两位或三位汉语拼音字母表示，如FV表示一汽大众。
2）车辆类别代码。车辆类别代号用一位阿拉伯数字表示，如乘用车用7表示。
3）主要参数代号。主要参数代号用两位阿拉伯数字表示，轿车用发动机排量（L），并以0.1L为单位表示，如16表示1.6L。
4）产品序列号。产品序列号用一位阿拉伯数字表示，如0表示基本车型。
5）企业自定代号。企业根据自身的需要制定的代号，如捷达车的CIFG。

2. 车辆识别代号（VIN）的含义

VIN是英文Vehicle Identification Number的缩写，由17位字符组成，因此俗称17位码。VIN由三个部分组成，如图1-13所示。

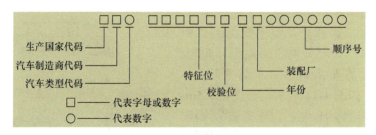

图1-13 VIN组成

1）1~3位：汽车厂识别代号。
第1位：生产国家代码，例如1、4或5代表美国，J代表日本，L代表中国，V代表法国，W代表德国。
第2位：汽车制造商代码，例如1代表克莱斯勒、B代表宝马、M代表奔驰。
第3位：汽车类型代码，不同厂商有不同的解释。
我国有些公司使用第2位与第3位表示制造商名称，例如LVW代表一汽大众、LSW

代表上汽大众、LS 代表上海通用。

2）4~9 位：车辆说明部分。由 6 位字符组成，说明车辆的一般特性，其中第 4 位到第 8 位是特征位，第 9 位是校验位。

3）10~17 位：车辆指示部分。制造商为了区别不同车辆而制定的一组数字，由后 8 位字符组成，第 10 位为车型年份，2001~2009 年为数字 1~9，2010~2030 年为字母 A~Y，数字 0 及字母 I、O、Q、U、Z 因容易混淆而不用。第 11 位为车辆装配厂。第 12~17 位为车辆出厂顺序号。

4）车辆识别代号的位置。车辆识别代号的规定位置在前风窗左下角，以及车辆铭牌上。

二、汽车的组成与布置形式

（一）汽车的组成

汽车由发动机、底盘、车身和电气设备四部分组成。

1. 发动机

发动机的功用是使输入至气缸的燃料燃烧而发出动力，现代汽车广泛采用往复活塞式内燃机，如图 1-14 所示。发动机一般由机体、曲柄连杆机构、配气机构、燃油供给系统、冷却系统、润滑系统、点火系统、起动系统等组成。

2. 底盘

底盘的作用是接受发动机的动力，使汽车产生运动，并保证汽车按照驾驶人的操纵正常行驶，如图 1-15 所示。底盘由传动系统、行驶系统、转向系统、制动系统等组成。

3. 电气设备

电气设备如图 1-16 所示，主要包括电源装置、充电系统、起动系统、照明、仪表及辅助电气设备。

图 1-14　发动机

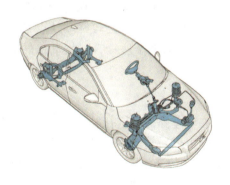

图 1-15　底盘

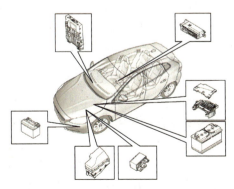

图 1-16　电气设备

4. 车身

车身如图 1-17 所示，它是驾驶人的工作场所，也是装载乘客和货物的地方。车身主要包括框架结构件、饰板覆盖件、开闭件（发动机舱盖、四车门、行李舱盖等）。

（二）汽车的布置形式

汽车按照发动机和驱动车轮的位置、驱动车轮个数，布置形式如图 1-18 所示。

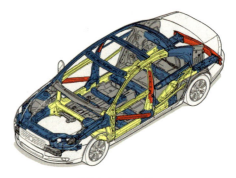

图 1-17 车身

1. 发动机前置前轮驱动（FF）

发动机前置前轮驱动在发动机排量在 2.5L 以下的乘用车上得到广泛应用。优点是省略了传动轴装置，减轻了车重，结构比较紧凑；有效地利用了发动机舱的空间，后排地板中央没有凸起，驾驶室内更为宽敞，并有助于降低地板高度，提高乘坐舒适性。缺点是起动、加速或爬坡时，导致牵引力下降；前桥负荷比后桥重，并且前轮又是转向轮，故前轮工作条件恶劣，轮胎寿命短。

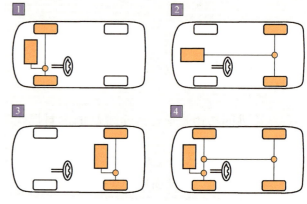

图 1-18 汽车的布置形式
1—FF 2—FR 3—MR 4—4WD

2. 发动机前置后轮驱动（FR）

发动机前置后轮驱动是最传统的驱动形式，大多数货车、部分轿车（尤其是高级轿车）、部分客车都采用这种驱动形式。优点是在良好的路面上起动、加速或爬坡时驱动车轮的负荷增大（即驱动车轮的附着压力增大），其牵引性能比前置前驱形式优越，轴荷分配比较均匀，因而具有良好的操纵稳定性和行驶平顺性。缺点是由于采用传动轴装置，不仅增加了车重，同时降低了动力传动系统的效率，影响了燃油经济性。

3. 发动机中置后轮驱动（MR）

发动机中置后轮驱动是指发动机置于座椅之后、后轴之前，大多数高性能跑车都采用这种形式。优点是可获得最佳的轴荷分配、操纵稳定性和行驶平顺性较好。缺点是发动机的布置占据了车厢和行李舱的一部分空间，车厢内只能安放两个座椅，对发动机的隔声和绝热效果差，乘坐舒适性能降低。

4. 四轮驱动（4WD）

四轮驱动又称全轮驱动，越野车辆较常采用，可在较差路面稳定行驶，但是比其他类型车辆质量重。变速器后面装有分动箱，通过控制分动箱可以后轮驱动也可以四轮驱动。前后车轴各装有一个驱动桥，变速器输出的转矩通过分动箱和传动轴，分别传递至前后车轴上。现在有些高级轿车采用四轮驱动装置，加速时车辆重心向后轴移动，后轮驱动力增大，这样就避免了前轮驱动车辆在急加速时前轴轻飘,即使在良好的路面上也会前轮打滑的现象。

三、汽车的技术参数与主要性能

(一)汽车的主要技术参数

1. 汽车的主要外部尺寸

汽车的主要外部尺寸如图1-19所示。

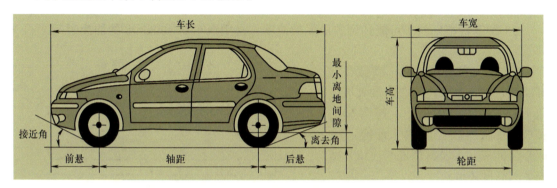

图1-19 汽车的主要外部尺寸

1)车长。汽车前后最外端凸出部位两垂直面之间的距离。

2)车宽。汽车两侧固定凸出部分(不包括后视镜、转向指示灯、挠性挡泥板、折叠式踏板、防滑链)两垂直面之间的距离。

3)车高。车辆没有装载且处于可运行状态时,车辆支撑面与车辆最高凸出部位水平面之间的距离。

4)最小离地间隙。汽车的最低点(除车轮外)与路面之间的距离,用以表征汽车无碰撞地越过石块、树桩等障碍物的能力。

5)轴距。车辆同一侧相邻两车轮中心平面之间的距离。

6)轮距。同一车轴上相邻两车轮的中心点,垂直于车辆纵向对称平面的两垂线之间的距离。

7)前悬。两前轮中心垂面与抵靠车辆最前端垂直面之间的最大距离。

8)后悬。两后轮中心垂面与抵靠车辆最后端垂直面之间的最大距离。

9)接近角。汽车满载、静止时,从汽车前端凸出点向前轮与地面接触点引假想线,此假想线与路面的夹角称为接近角。

10)离去角。汽车满载、静止时,从汽车后端凸出点向后轮与地面接触点引假想线,此假想线与路面的夹角称为离去角。

2. 汽车的质量参数

1)整车整备质量。指汽车带有全部装备(包括随车工具、备胎等),加满燃料、润滑油,但没有载人和载货的整车质量。

2)最大装载质量。汽车在良好硬路面上行驶时最大运输质量。

3）最大总质量。整车整备质量与最大装载质量之和。

4）最大轴载质量。前桥和后桥分别允许的最大承载质量。

（二）汽车的主要性能

1. 汽车动力性

汽车动力性是指汽车所具有的加速性能、爬坡性能和最高车速等性能，汽车的动力性越好，汽车的速度就越高，所能克服的道路阻力也越大。

1）最高车速。是指汽车满载时在平直良好路面上所能达到的最高行驶速度，单位为km/h。

2）加速性能。汽车可能达到的最大加速度，常用汽车0~100km/h的加速时间（s）来评价。

3）最大爬坡度。汽车满载在良好路面行驶，汽车能克服的最大坡度角（θ），如图1-20所示。越野车的爬坡性能常用坡度 i（%）评价：$i = B/A \times 100\%$，A 表示坡底长（m），B 表示坡高度（m）。

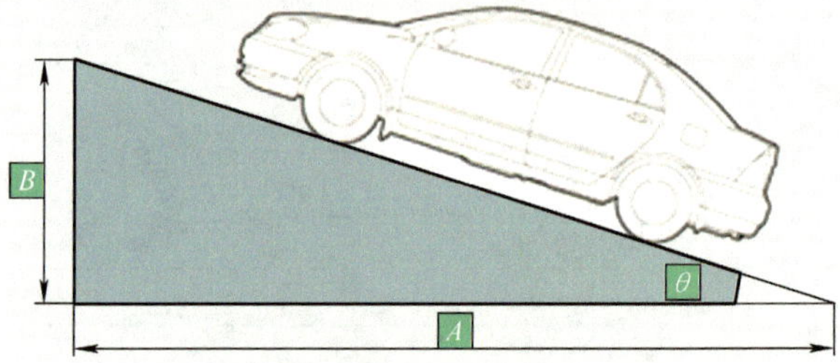

2. 燃料经济性

燃料经济性是指汽车以最少的燃料消耗完成单位运输工作量的能力，常用每百千米燃料消耗量（L/100km）作为评价指标。工信部规定从2010年1月1日起，所有最大设计总质量在3500kg以下的乘用车和轻型商用车在销售时都必须粘贴"汽车燃料消耗量标识"，并标注由国家指定检测机构按照统一的国家标准测定的市区、市郊、综合三种工况的燃料消耗量，如图1-21所示。

3. 制动性能

制动性能包括制动效能、制动效能的恒定性、制动时汽车的方向稳定性。

1）制动效能。是指在良好路面上，汽车以一定速度从开始制动到停车所需的制动距离。此外，制动效能指标还有制动减速度、制动时间和制动力的大小。车辆年检时利用汽车制动力试验台，测量各车轮制动力来评价汽车制动效能。

2）制动效能的恒定性。汽车在繁重工作条件下制动时（例如汽车下长坡连续制动），制动器温度上升，制动器摩擦力矩显著下降，

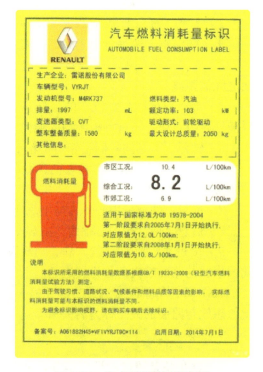

图1-20 最大爬坡度

图1-21 汽车燃料消耗量标识

制动效能急剧降低，这种现象称作制动器热衰退现象。制动效能的恒定性主要指制动器的抗热衰退性能。

3）制动时汽车的方向稳定性。在制动过程中，制动跑偏、制动侧滑属于方向稳定性问题，方向稳定性成为影响交通安全的重要因素。

4. 操纵稳定性

操纵稳定性包括操纵性和稳定性两个层面。操纵性是指汽车及时而准确地执行驾驶人转向的能力。稳定性是指汽车受到外力后，维持或迅速恢复原来运动状态的能力。

5. 行驶平顺性

行驶平顺性是指汽车在一般速度范围内行驶时，能保证乘客不会因车身振动而引起不舒服和疲劳的感觉，以及保持所运货物完整无损的性能。

6. 通过性

通过性是指汽车以足够高的平均车速通过各种坏路、无路地带（如松软路面、凹凸不平路面等）及各种障碍（如陡坡、侧坡、壕沟、台阶、灌木丛、水障等）的能力。

四、新能源汽车

（一）新能源汽车定义

1. 旧定义

新能源汽车是指采用非常规车用燃料（汽油、柴油）作为动力源的汽车，或使用常规燃料而采用新型车载动力装置的汽车，可分为四大类。第一类是指使用气体燃料，例如压缩天然气、液化天然气、液化石油气、氢气，或使用不用原油裂化得到的液体燃料，如乙醇、生物柴油等燃料的汽车。第二类是指以太阳能为动力源的汽车。第三类是指以氢燃料电池为动力源的汽车。第四类是指以电能作为动力源的汽车，包括纯电动汽车、混合动力汽车、插电式混合动力汽车。

2. 新定义

国务院颁布的《节能与新能源汽车产业发展规划（2012—2020）》，明确新能源汽车范围为插电式混合动力汽车（单次纯电行驶里程不小于50km）、纯电动汽车和燃料电池汽车，并将常规混合动力汽车划归为节能内燃机汽车。

（二）新能源汽车分类

新能源汽车是指采用新型动力系统，完全或主要依靠非石油燃料驱动的汽车，具体分类如图1-22所示。

新能源汽车的动力蓄电池有三种充电模式：①内燃机的机械能通过发电机系统转化为电能输入动力蓄电池；②车辆减速通过电机（此时电机作为发电机）将车辆的动能转化为电能输入动力蓄电池；③通过车载充电机（慢充）或外部直流充电桩（快充），将外部电源的电能输入动力蓄电池。混合动力汽车采用①充电，增程式混合动力汽车和插电式混合动力汽车采用①和③充电。但是，三种混合动力汽车都同时采用②充电，在车辆制动时将惯性动能转化为电能为动力蓄电池充电。

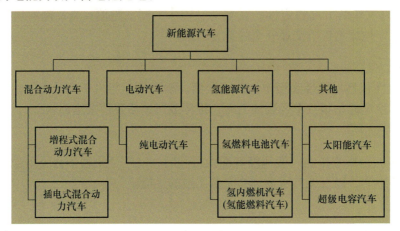

图 1-22　新能源汽车的分类

1. 混合动力汽车

1）常规混合动力汽车。常规混合动力汽车（HEV）按现在划分不属于新能源汽车，但为方便了解其他两种混合动力汽车进行简单介绍。目前采用汽油/柴油内燃机与电机两种动力，按混合度分为微混合、轻混合、中度混合、重度混合型，当前广泛采用的是重度混合型。HEV一般采用混联驱动形式，如图1-23所示。

2）增程式混合动力汽车。增程式混合动力汽车（REEV）是在纯电动汽车的基础上，装备一个小功率汽油发动机，发动机动力不足以驱动车辆，只是驱动发电机，以备蓄电池电量不足时为蓄电池充电。这只是在一定程度上补充电，并不是只要发动机工作，就可以满足汽车在各种工况下的电驱动所需电力。REEV均采用串联驱动形式，如图1-24所示。

3）插电式混合动力汽车。插电式混合动力汽车（PHEV）是在重度混合动力汽车的基础上，增加了动力蓄电池容量和充电接口，可获得更多的纯电行驶里程。PHEV可采用混联或并联驱动形式，并联驱动形式如图1-25所示。

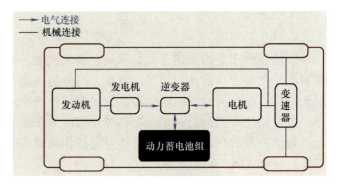

图 1-23　混联驱动形式

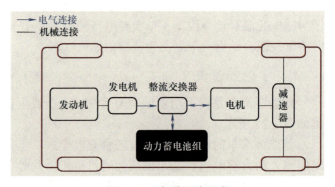

图 1-24　串联驱动形式

2. 纯电动汽车

纯电动汽车（EV）是指以动力蓄电池为唯一车载能源，并由电机提供驱动转矩的汽车，如图 1-26 所示。优点是：无排放污染、噪声低、能源转化率高且多样化；使用与维护与内燃机汽车、混合动力汽车和燃料电池汽车相比较为简单，动力传动部件更少，维护工作量更少。特别是电机本身，使用范围广、不易受所处环境影响，因此纯电动汽车的维修成本和使用成本相对较低。纯电动汽车具有三电系统：动力蓄电池、电机、电子控制系统，图 1-27 为纯电动汽车驱动示意图。目前纯电动汽车一般动力蓄电池电压在 300~700V 之间，电池容量为 30~70kW·h，工况法续驶里程为 200~550km，最高车速为 120~200km/h。

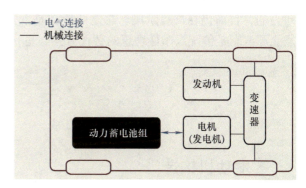

图 1-25　并联驱动形式

图 1-26　纯电动汽车

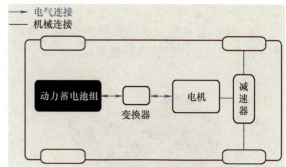

图 1-27　纯电动汽车驱动

3. 氢能源汽车

氢能源汽车有两类，一类是氢燃料电池汽车（FCEV），另一类是氢内燃机汽车。两者有很大区别，氢燃料电池汽车是由氢气通过化学反应产生驱动电力，如图 1-28 所示，氢燃料电池系统如图 1-29 所示。

图 1-28　氢燃料电池汽车

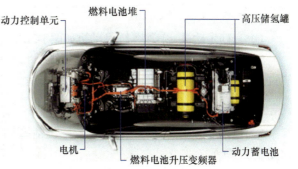

图 1-29　氢燃料电池系统

氢内燃机汽车是由氢发动机（类似于传统能源的汽油发动机）直接燃烧氢气从而获得动力的，目前仍在试验阶段。总之两者都是以氢气为燃料，排放物是水，没有污染，因此氢能源汽车是传统汽车最理想的替代方案，也是被寄予希望的绿色能源汽车。

第 2 节　发动机

一、发动机构造

（一）发动机分类

1. 按燃料种类分类

1）汽油发动机。所用燃料为汽油，如图 1-30 所示。汽油机转速高、质量小、噪声小、起动容易、制造成本低。

2）柴油发动机。所用燃料为柴油，如图 1-31 所示。柴油机压缩比大、热效率高、经济性能和排放性能都比汽油机好。

图 1-30　汽油发动机

图 1-31　柴油发动机

2. 按气缸排列方式分类

1）直列发动机。直列 4 缸发动机如图 1-32 所示，在发动机舱内可以纵置安装或横置安装。

2）V 形发动机。就是将所有气缸分成两组，相邻气缸以一定夹角布置在一起，使两组气缸形成一个有夹角的平面，从侧面看气缸呈 V 字形。V 形 8 缸发动机如图 1-33 所示。

3. 按进气系统是否增压分类

1）自然进气发动机。利用进气行程活塞向下移动产生的真空吸力使空气进入气缸，如图 1-34 所示。

2）涡轮增压发动机。在进气总管上安装废气涡轮增压器，一般增压压力为 150kPa，如图 1-35 所示。有的发动机也采用两级增压。

图 1-32　直列 4 缸发动机

图 1-33　V 形 8 缸发动机

图 1-34　自然进气发动机

图 1-35　涡轮增压发动机

4. 按喷油器安装位置分类

1）进气歧管喷射发动机。进气歧管喷射发动机就是把汽油直接喷射在进气歧管，如图 1-36 所示，与空气混合后进入气缸燃烧的发动机。

2）燃油直喷发动机。燃油直喷发动机就是让燃油直接喷射在气缸内，如图 1-37 所示，然后再与空气混合进行燃烧。采用燃油直喷的形式可以让混合气在很稀的条件下燃烧，这样能够节省更多的燃油。

图 1-36　进气歧管喷射发动机

图 1-37　燃油直喷发动机

（二）术语和工作原理

1. 发动机术语

发动机是汽车的动力源，它是将化学能变为热能，热能转变为机械能的机器。

基本术语包括上下止点、活塞行程、气缸工作容积、发动机排量、燃烧室容积、气缸总容积、压缩比等。

1）上止点。活塞在气缸里做往复直线运动时，当活塞向上运动到最高位置，即活塞顶部距离曲轴旋转中心最远的极限位置称为上止点。

2）下止点。活塞在气缸里做往复直线运动时，当活塞向下运动到最低位置，即活塞顶部距离曲轴旋转中心最近的极限位置称为下止点。

3）活塞行程。活塞从一个止点运动到另一个止点的距离，即上止点、下止点之间的距离称为活塞行程，如图1-38所示。

4）气缸工作容积。活塞从一个止点运动到另一个止点所扫过的容积。

5）燃烧室容积。活塞位于上止点时，其顶部与气缸盖之间的容积。

6）气缸总容积。气缸工作容积和燃烧室容积之和，如图1-39所示。

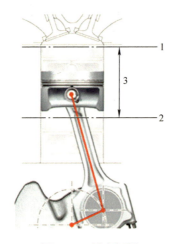

图1-38 活塞行程

1—上止点 2—下止点 3—活塞行程

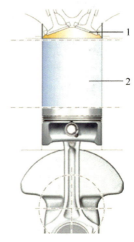

图1-39 气缸总容积

1—燃烧室容积 2—气缸工作容积

7）发动机排量。多缸发动机的各气缸工作容积的总和。

8）压缩比。压缩比等于气缸总容积与燃烧室容积之比，如图1-40所示。

9）功率与转矩。功率是发动机单位时间内所做的功，单位为kW。转矩是活塞推动曲轴旋转输出的力矩，单位为N·m。发动机在不同转速时，功率和转矩是不同的，如图1-41所示。

2. 汽油发动机工作原理

汽油和柴油具有不同的性质，因此在发动机工作原理和结构上有差异。四冲程汽油机的运转是按进气行程、压缩行程、做功行程和排气行程的顺序往复循环的。

1）进气行程。活塞在曲轴的带动下由上止点移至下止点，此时进气门开启、排气门关闭，如图1-42所示。在活塞移动过程中，气缸容积逐渐增大，气缸内形成一定的真空度，空气和汽油的混合物通过进气门被吸入气缸，并在气缸内进一步混合形成可燃混合气。

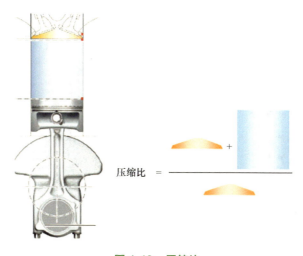

图 1-40　压缩比

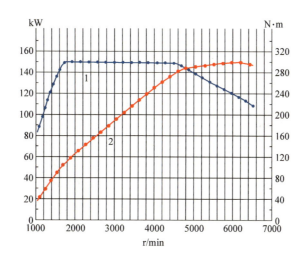

图 1-41　功率与转矩图

1—转矩曲线　2—功率曲线

2）压缩行程。进气行程结束后，曲轴继续带动活塞由下止点移至上止点。这时进、排气门均关闭，如图 1-43 所示。随着活塞移动，气缸容积不断减小，气缸内的混合气被压缩，其压力和温度同时升高。

3）做功行程。压缩行程结束时，安装在气缸盖上的火花塞产生电火花，将气缸内的可燃混合气点燃，火焰迅速传遍整个燃烧室，同时放出大量的热能，如图 1-44 所示。燃烧气体的体积急剧膨胀，压力和温度迅速升高，在气体压力的作用下，活塞由上止点移至下止点，并通过连杆推动曲轴旋转做功。这时，进、排气门仍旧关闭。

4）排气行程。排气行程开始，进气门仍然关闭，排气门开启，曲轴通过连杆带动活塞由下止点移至上止点，如图 1-45 所示。此时燃烧后的气体在其自身剩余压力和在活塞的推动下，经排气门排出气缸之外。当活塞到达上止点时，排气行程结束，排气门关闭。

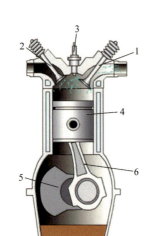

图 1-42 进气行程

1—进气门 2—排气门 3—火花塞
4—活塞 5—曲轴 6—连杆

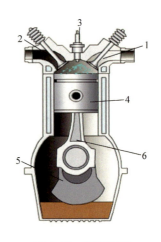

图 1-43 压缩行程

1—进气门 2—排气门 3—火花塞
4—活塞 5—曲轴 6—连杆

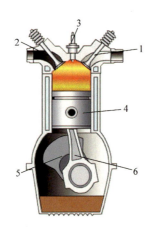

图 1-44 做功行程

1—进气门 2—排气门 3—火花塞
4—活塞 5—曲轴 6—连杆

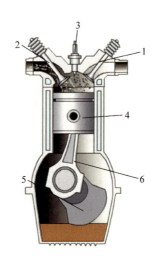

图 1-45 排气行程

1—进气门 2—排气门 3—火花塞
4—活塞 5—曲轴 6—连杆

3. 柴油发动机工作原理

四冲程柴油机的工作循环同样包括进气、压缩、做功和排气四个过程。只是由于柴油和汽油的使用性能不同，柴油机和汽油机在混合气形成方法及着火方式上有着根本的差别。

1）进气行程。在柴油机进气行程中，此时进气门开启、排气门关闭，被吸入气缸的只是纯净的空气。

2）压缩行程。这时进、排气门均关闭，因为柴油机的压缩比大，所以压缩行程终了时气体压力高。

3）做功行程。在压缩行程结束时，喷油器将柴油喷入燃烧室，气缸内的温度远高于柴油自燃点，因此柴油随即自行着火燃烧。在气体压力的作用下，活塞推动连杆，连杆推动曲轴旋转做功。这时，进、排气门仍旧关闭。

4）排气行程。排气行程开始，进气门仍然关闭，排气门开启，燃烧后的废气排出气缸。

（三）曲柄连杆机构

1. 功用与组成

曲柄连杆机构是使发动机实现工作循环，完成能量转换的传动机构，用来传递力和改变运动方式。曲柄连杆机构主要由机体组、活塞连杆组和曲轴飞轮组等组成。

2. 机体组

机体组是发动机的骨架，是发动机各个机构和各个系统的安装基础，其内、外安装有发动机的所有零件和附件，并且承受一定的载荷。机体组主要由气缸体、气缸盖、气缸衬垫、气门室罩以及油底壳等组成，如图1-46所示。

1）气缸体。气缸体是发动机的基本结构，是发动机机体组的重要组成部分，在气缸盖和油底壳之间。绝大多数发动机的气缸体与曲轴箱连铸在一起，如图1-47所示。该气缸体为铝合金铸造，有薄壁铸铁缸套。

2）气缸盖。气缸盖承受气体力和紧固气缸盖螺栓所形成的机械负荷，同时还由于与高温燃气接触而承受很高的热负荷，如图1-48所示。气缸盖主要由进排气门座孔、气门导管、火花塞安装孔、喷油器安装孔、气道和水道等组成。气缸盖一般由铝合金制造，每个燃烧室有2~4个气门，各个气缸内设有独立的点火线圈，燃油导轨位于气缸盖上，高压燃油泵位于气缸盖的终端，由排气凸轮轴来驱动。

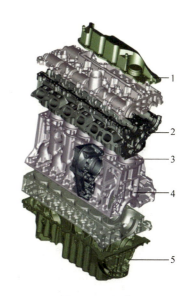

图 1-46　机体组

1—气门室罩　2—气缸盖　3—气缸衬垫
4—气缸体　5—油底壳

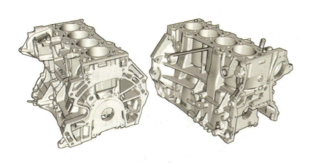

图 1-47　气缸体

图 1-48　气缸盖

3）气缸衬垫。气缸衬垫的功用是密封气缸，保证气缸内气体不被泄漏，如图1-49所示。气缸衬垫是机体顶面与气缸盖底面之间的密封件,为全金属材料。

4)油底壳。油底壳的主要功用是储存机油和封闭机体或曲轴箱,如图 1-50 所示。油底壳用薄钢板冲压或用铝铸制而成,有的油底壳内设有挡板,用以减轻汽车颠簸时油面的振荡。油底壳配备有油位传感器及量油尺。

图 1-49　气缸衬垫

图 1-50　油底壳

3. 活塞连杆组

活塞连杆组是发动机的传动件,它把燃烧气体的压力传给曲轴,使曲轴旋转并输出动力。活塞连杆组由活塞、活塞环、活塞销、连杆及连杆轴瓦等组成,如图 1-51 所示。

1)活塞。活塞的主要功用是承受燃烧气体压力,并将此力通过活塞销传给连杆以推动曲轴旋转,活塞顶部与气缸盖、气缸壁共同组成燃烧室。如图 1-52 所示,活塞按表面位置不同可分为顶部、头部和裙部三部分。活塞顶部,其形状与燃烧室形状和压缩比大小有关。活塞头部,采用三环短活塞,三环指上气环、下气环和油环。活塞头部以下的部分为活塞裙部,裙部涂有石墨层,裙部应有足够的实际承压面积,以承受侧向力。

2)活塞环。活塞环的功用是保证活塞与气缸壁间的密封,防止气缸内的可燃混合气和高温燃气漏入曲轴箱,并将活塞顶部接受的热传给气缸壁,避免活塞过热,如图 1-53 所示。活塞环由气环和

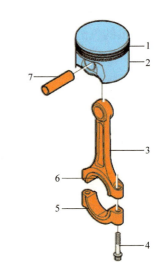

图 1-51　活塞连杆组

1—活塞环　2—活塞　3—连杆　4—连杆螺栓
5—连杆轴承盖　6—连杆轴承　7—活塞销

油环组成,气环主要功用是密封和传热,油环主要功用是刮除飞溅到气缸壁上多余的机油,并在气缸壁上涂布一层均匀的油膜。

3)活塞销。活塞销用来连接活塞和连杆,并将活塞承受的力传给连杆,如图 1-54 所示。活塞销在高温条件下承受很大的周期性冲击负荷,润滑条件较差。活塞销通常进行表面硬化,其内部形状为锥形。

图 1-52 活塞

图 1-53 活塞环

1—气环 2—油环

4）连杆。连杆组的功用是将活塞承受的力传给曲轴，并将活塞的往复运动转变为曲轴的旋转运动，如图 1-55 所示。连杆盖通过螺栓将连杆轴承与杆身固定在一起，连杆组由小头、杆身和大头构成，连杆小头与活塞销连接，同活塞一起做往复运动；连杆大头与曲柄销连接，同曲轴一起做旋转运动。

图 1-54 活塞销

1—活塞销

图 1-55 连杆

1—连杆小头 2—杆身 3—连杆大头

4. 曲轴飞轮组

曲轴的功用是把活塞、连杆传来的气体压力转变为转矩，用以驱动汽车的传动系统和发动机的配气机构以及其他辅助装置。曲轴飞轮组如图 1-56 所示，包括曲轴和飞轮等组件。

1）曲轴。如图 1-57 所示，曲轴用铸铁制造，由若干个曲拐构成。曲轴在五个轴承上承载，并且配备有平衡轴的驱动件。

2）减振器。当发动机工作时，曲轴在周期性变化的转矩作用下，各曲拐之间发生周期性相对扭转振动。为了消减曲轴的扭转振动，多在扭转振幅最大的曲轴前端装置减振器，如图 1-58 所示。减振器壳体与曲轴连接，在减振器上有一个齿环，该齿环有 58 个齿。减振器包括以下部件：拧紧在曲轴上的中心部件、橡胶减振器、带有带轮的外部部件。

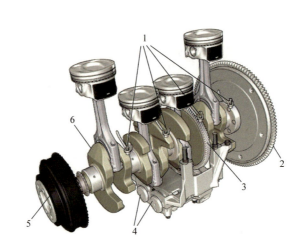

图 1-56　曲轴飞轮组

1—机油冷却喷嘴　2—飞轮　3—平衡轴齿轮　4—平衡轴　5—减振器　6—曲轴

图 1-57　曲轴

图 1-58　减振器

3）飞轮。飞轮是摩擦式离合器的主动件，飞轮轮缘上镶嵌有供起动发动机用的飞轮齿圈，有的飞轮上还刻有上止点记号，用来校准点火正时或喷油正时。飞轮与曲轴之间应有严格不变的相对位置，运转时需保持平衡。飞轮的类型有实体飞轮和双质量飞轮。图 1-59 所示为实体飞轮。

4）曲轴主轴承。主轴颈是曲轴的支承部分，通过主轴承支承在曲轴箱的主轴承座中，为了保证曲轴轴向的正确定位，曲轴轴承还需

图 1-59　实体飞轮

装配推力轴承，如图 1-60 所示。主轴承安装在轴承盖上，以保护曲轴轴颈并有良好的润滑。

5）平衡轴。平衡轴的功用是用来平衡和减少发动机的振动，从而降低发动机噪声、延长发动机使用寿命、提升驾驶的舒适性。平衡轴通过曲轴上的齿轮来驱动，如图 1-61 所示，两个对转的平衡轴安装在机油泵的壳体内。

图 1-60　曲轴主轴承

1—推力轴承　2—主轴承

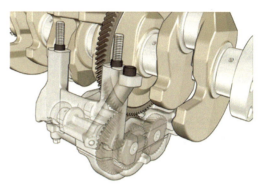

图 1-61　平衡轴

（四）配气机构

1. 功用与组成

配气机构的功用是按照发动机的工作顺序和工作循环的要求，定时开启和关闭各缸的进、排气门，使新气进入气缸，废气从气缸排出。

配气机构主要由气门组和气门传动组等组成，配气机构的结构因布置形式不同而有所差异。

2. 配气机构布置及驱动

配气机构分布形式分为顶置式和非顶置式，目前汽车发动机均采用顶置式凸轮轴和顶置式气门。顶置式凸轮轴具备以下优点：减少了底置式凸轮轴由于凸轮轴和气门之间较大的距离而造成的往返动能的浪费；发动机由于气门开闭动作比较迅速，因而转速更高，运行的平稳度也比较好。

1）顶置式凸轮轴。顶置式双凸轮轴发动机如图 1-62 所示，双凸轮轴是指在缸盖上装有两根凸轮轴，一根用于驱动进气门，另一根用于驱动排气门。

2）正时链条传动。凸轮轴正时链条传动适用于凸轮轴上置的配气机构，如图 1-63 所示，链传动工作可靠，使用寿命长，但噪声较大。

图 1-62　顶置式双凸轮轴

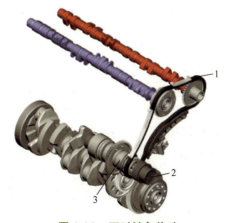

图 1-63　正时链条传动

1—正时链条　2—辅助链轮　3—中间轴

3）正时带传动。发动机上的凸轮轴通过正时带进行驱动，传动带由弹簧张紧器自动张紧，如图1-64所示。正时带由一个塑料制成的正时带罩盖住。这种驱动方式传动噪声小，但需要定期检查及更换传动带。

3. 气门组

气门组的功用是根据气门传动机构的控制，保证进排气道的密封，及时开启和关闭进排气道。

1）组成。气门组由气门、气门座圈、气门导管、气门油封、气门弹簧、气门锁片等组成，如图1-65所示。

2）气门。气门的功用是控制进、排气歧管的开闭。如图1-66所示，气门由头部、杆身和尾部组成。

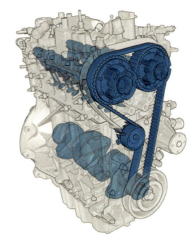

图1-64 正时带传动

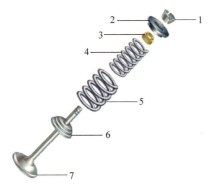

图1-65 气门组
1—气门锁片 2—上气门座圈 3—气门油封
4—内气门弹簧 5—外气门弹簧
6—下气门座圈 7—气门

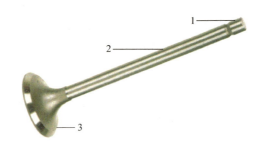

图1-66 气门
1—尾部 2—杆身 3—头部

3）多气门。发动机每个气缸一般有两个气门，即一个进气门和一个排气门。目前发动机多采用每缸三、四或五个气门，图1-67所示为四气门发动机，即每缸四个气门，两个进气门、两个排气门。

4）其他组件功能。其他组件如图1-68所示，各自功能：①气门座圈，位于气缸盖上，密封和散热。②气门导管，位于气缸盖上，导向和散热。③气门油封，密封机油。④气门弹簧，保证气门回位。⑤气门弹簧座圈，支承气门弹簧。⑥气门锁片，锁住气门和气门弹簧座圈。

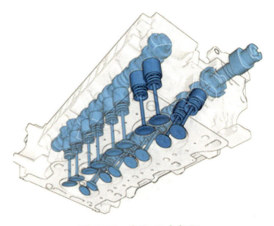

图1-67 每缸四个气门

第1章 二手车鉴定评估基础

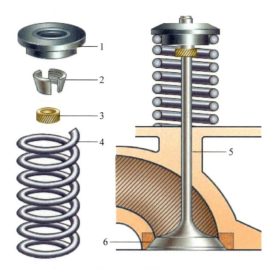

图 1-68 其他组件

1—气门弹簧座圈 2—气门锁片 3—气门油封 4—气门弹簧 5—气门导管 6—气门座圈

4. 气门传动组

气门传动组主要用于传递凸轮轴到气门之间的运动,它主要包括凸轮轴、气门挺杆等部件。

1)凸轮轴。凸轮轴控制气门的开启和关闭,每一个进、排气门分别有相应的进气凸轮和排气凸轮。凸轮轴的主体是一根与气缸组长度相同的圆柱形棒体,上面具有若干个凸轮,用于驱动气门,有些车型两根凸轮轴之间用齿轮传动,如图 1-69 所示。

2)气门间隙。发动机在冷态下,当进排气门都处于关闭状态时,气门与凸轮之间的间隙称为气门间隙。气门间隙的作用是给热膨胀留有余地,保证气门密封,有些发动机用垫片调整气门间隙,如图 1-70 所示。

图 1-69 凸轮轴

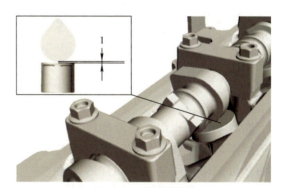

图 1-70 气门间隙

1—气门间隙

3)液压挺柱。有些发动机在凸轮轴和气门杆之间装有液压挺柱,液压挺柱的功用是将来自凸轮的运动和作用力传给气门杆,同时还承受凸轮所施加的侧向力,并将其传给挺住套筒,如图 1-71 所示。凸轮轴驱动液压挺柱,挺住高度靠机油压力调整,自行补偿气门间隙,以减少发动机工作时配气机构产生的撞击和噪声。

4）气门摇臂。有些发动机装有气门摇臂，气门摇臂利用杠杆力压动气门，以打开或关闭进、排气门，如图 1-72 所示。摇臂是一个双臂杠杆，以摇臂轴为支点，两臂不等长，连接液压挺柱和气门杆尾端。

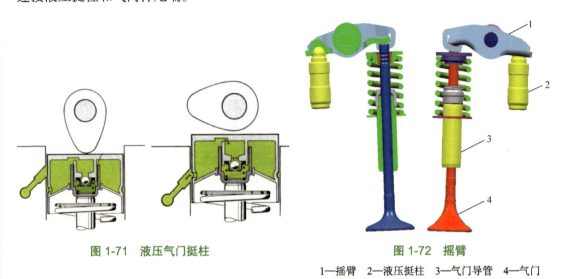

图 1-71　液压气门挺柱

图 1-72　摇臂

1—摇臂　2—液压挺柱　3—气门导管　4—气门

5. 配气相位

配气相位是用曲轴转角表示的进、排气门的开启时刻和开启延续时间，通常用环形图表示配气相位图，如图 1-73 所示。发动机一个完整的工作行程包括进气、压缩、做功和排气。发动机的实际配气相位，需要气门早开晚关，主要是为了满足进气充足、排气干净的要求。

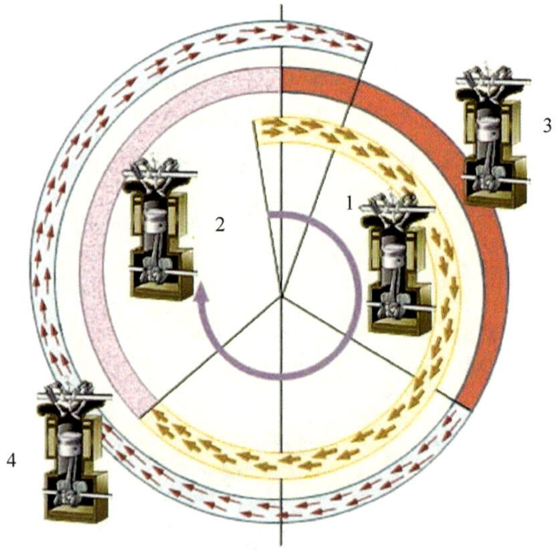

（五）润滑系统

1. 作用与组成

润滑系统的作用是在发动机工作时连续不断地把数量足够、温度适当的洁净机油输送到全部传动件的摩擦表面，并在摩擦表面之间形成油膜，实现液体摩擦，从而减小摩擦阻力、降低功率消耗、减轻机件磨损，以达到提高发动机工作可靠性和使用寿命的目的。

图 1-73　配气相位图

1—进气行程　2—压缩行程　3—做功行程　4—排气行程

润滑系统以机油为润滑介质。润滑系统主要由机油泵、机油滤清器、机油冷却器、吸油管等组成，如图 1-74 所示。

2. 机油

（1）机油的功用

1）润滑：机油在运动零件的所有摩擦表面之间形成连续的油膜，以减小零件之间的摩擦。

2）冷却：机油在循环过程中流过零件工作表面，可以带走零件的热量，降低零件的温度。

3）清洗：机油可以带走摩擦表面产生的金属碎末及冲洗掉沉积在气缸、活塞、活塞环及其他零件上的积炭。

4）密封：附着在气缸壁、活塞及活塞环上的油膜，可起到密封防漏的作用。

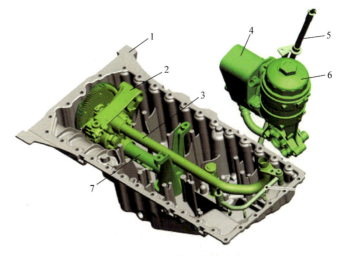

图 1-74 润滑系统组成

1—油底壳　2—机油泵　3—机油压力管　4—机油冷却器
5—机油尺　6—机油滤清器　7—吸油管

5）防锈：机油有防止零件发生锈蚀的作用。

（2）机油的分类

国际上广泛采用 SAE 黏度分类法和 API 品质分类法。

1）SAE 即美国汽车工程师学会。SAE 规定的机油黏度的标准，分为单级型和双级全天候型两种，现一般使用双极型。举例型号：SAE 5W-30，如图 1-75 所示，其中 W 表示冬季，5 表示耐低温黏度，5W 适用于环境温度 -30℃；30 表示耐高温指标，数值越大说明机油适用温度越高。

不同黏度的双级机油，0W30 黏度最低，15W40 黏度最高，如图 1-76 所示。

2）API 代表美国石油学会。API 划分的机油品质标准，采用代码描述机油的工作能力。"S"代表汽油机用油，"C"代表柴油机用油，S 后面的字母，按照英文字母的顺序越靠后，表示机油等级越高，机油中含有更多的保护剂来保护发动机，如图 1-77 表示。

图 1-75 机油

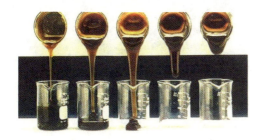

图 1-76 不同黏度的机油

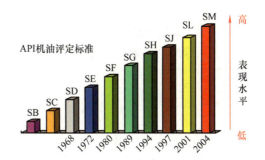

图 1-77 API 品质分类

3. 机油泵

机油泵的功用是保证机油在润滑系统内循环流动,并在发动机任何转速下都能以足够高的压力向润滑部位输送足够数量的机油。常使用的转子式机油泵如图 1-78 所示。机油泵由曲轴通过链条驱动,转子齿形齿廓设计得使转子转到任何角度时,内、外转子每个齿的齿形廓线上总能互相形成点接触。

工作过程:在进油道的一侧空腔,由于转子脱开啮合,容积逐渐增大,产生真空,机油被吸入;转子继续旋转,机油被带到出油道的一侧,使这一空腔容积减小,油压升高,机油从齿间挤出并通过出油道压送出去。

4. 机油滤清器

机油滤清器的功用是滤除机油中的金属磨屑、机械杂质和机油氧化物。一种滤清器带有金属外壳,一种滤清器没有外壳而直接安装到发动机的滤清器壳体内,如图 1-79 所示。纸制滤清器具有质量小、体积小、结构简单、滤清效果好、过滤阻力小、成本低和保养方便等优点。

图 1-78 转子式机油泵

图 1-79 机油滤清器

5. 机油冷却器

在高性能大功率的强化发动机上,由于热负荷大,必须装设机油冷却器。机油冷却器布置在润滑油路中,其工作原理与散热器相同。如图 1-80 所示。机油冷却器置于冷却液管路中,利用冷却液的温度来控制润滑油的温度。当润滑油温度高时,靠冷却液降温,发动机起动时,则从冷却液吸收热量使润滑油迅速提高温度。

(六)冷却系统

1. 作用与组成

当发动机冷起动之后,冷却系统

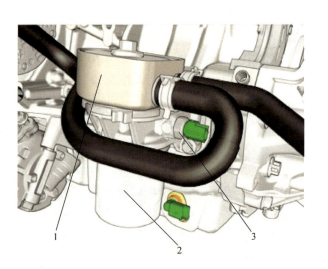

图 1-80 机油冷却器

1—机油冷却器　2—机油滤清器　3—冷却液管

要保证发动机迅速升温,尽快达到正常的工作温度;当发动机温度过高时,发动机需要冷却装置进行散热;冷却系统的功用是使发动机在所有工况下都保持在适当的工作温度。近年来生产的乘用车,多采用封闭式冷却系统设计,正常冷却液温度范围一般为 90~110℃。

冷却系统以冷却液为传热介质,主要由水泵、节温器、散热器、冷却液储液罐、带压力阀的储液罐盖、冷却风扇等组成。

2. 冷却液

冷却液是水与防冻剂的混合物,为了适应冬季行车的需要,在水中加入防冻剂制成冷却液以防止冷却液的冻结。在水中加入防冻剂还同时提高了冷却液的沸点,冷却液中通常含有防锈剂和泡沫抑制剂。在防冻剂中一般还要加入着色剂,使冷却液呈蓝绿色或黄色以便识别,如图 1-81 所示。

3. 水泵

水泵的功用是对冷却液加压,保证其在冷却系统中循环流动。水泵一般由曲轴通过 V 带驱动,如图 1-82 所示。水泵通过螺栓固定在发动机机体上,通过传动带驱动水泵产生冷却液压力。

图 1-81　防冻液

4. 节温器

节温器一般安装在气缸盖水道的出口与散热器进水管的入口处,它是控制冷却液流经散热器进行散热的装置。节温器罩壳用四个螺栓固定在发动机机体上,并用橡胶垫圈密封,如图 1-83 所示。节温器通过内置于节温器罩壳中的阀门实现冷却系统最佳的冷却效果。当发动机冷却液的温度较低时,节温器将冷却液流向散热器的通道关闭,使冷却液经水泵入口直接流入机体或气缸盖水套,以便使冷却液迅速升温。当冷却液达到一定温度后,节温器打开,冷却液通过散热器进行散热,以降低冷却液的温度。

图 1-82　水泵

图 1-83　节温器

5. 散热器

散热器的功用是加速发动机冷却液的冷却。目前乘用车多采用横流式,散热器由进水室、散热器芯、出水室等组成,如图 1-84 所示。散热器的类型有管片式和管带式。

6. 冷却风扇

冷却风扇的功用是提高通过散热器芯的空气流速，增加散热效果，加速冷却液的冷却。冷却风扇由电动机和风扇叶组成，发动机温度越高、负载越大，风扇转速就越高，持续旋转的时间就会越长。冷却风扇有两种，一种是单风扇，另一种是双风扇，如图 1-85 所示。

图 1-84　散热器

图 1-85　冷却风扇

二、发动机电控系统

（一）进气系统

1. 作用与组成

进气系统的作用是将新鲜空气引入气缸，尽可能多、尽可能均匀地向各缸供给可燃混合气或纯空气。

进气系统主要由空气滤清器、进气总管、电子节气门、进气歧管、可变进气歧管装置等组成，如图 1-86 所示。

2. 空气滤清器

空气滤清器的功用主要是滤除空气中的杂质或灰尘，让洁净的空气进入气缸。空气滤清器也有降低进气噪声的作用，它安装在进气总管的进口，如图 1-87 所示。

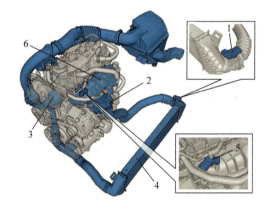

图 1-86　进气系统

1—进气压力与温度传感器　2—电子节气门　3—涡轮增压器
4—中冷器　5—进气压力传感器　6—进气歧管

3. 电子节气门

电子节气门的作用是驱动节气门动作，发动机控制单元根据加速踏板信号和行驶状况来控制节气门开度，电子节气门工作过程如图 1-88 所示。电子节气门可省去加速踏板与节气门之间的拉索，降低有害物排放，并可配合驱动防滑系统和巡航系统工作。

电子节气门由电动机、减速机构、节气门组成，如图 1-89 所示。

4. 进气歧管

进气歧管的作用是供给各气缸空气，其安装在气缸盖进气道侧，如图 1-90 所示。

图 1-87 空气滤清器

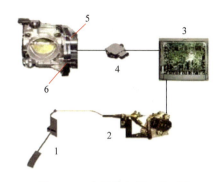

图 1-88 电子节气门工作过程

1—加速踏板 2—加速踏板传感器 3—发动机控制单元
4—节气门控制单元 5—节气门位置传感器 6—节气门电动机

图 1-89 电子节气门

1—节气门电动机 2—减速机构 3—节气门

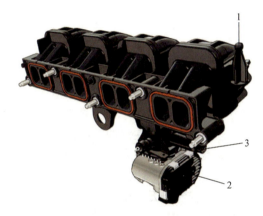

图 1-90 进气歧管

1—进气歧管 2—电子节气门 3—真空管路

5. 可变进气歧管

有些发动机，为了充分利用进气波动效应和尽量缩小发动机在高、低速运转时进气速度的差别，从而改善发动机的经济性及动力性，采用了可变进气歧管装置，如图 1-91 所示。可变进气歧管设有长、短通道和通道转换电磁阀，发动机转速低于 4000r/min 时，转换阀接通长通道，长通道横截面积小、路径长，空气流动具有较大惯性，起到惯性增压作用，可获得较大的转矩。发动机转速高于 4000r/min 时，转换阀接通短通道，短通道横截面积大、路径短，可降低进气阻力，使发动机高速时获得较大的功率。

图 1-91 可变进气歧管

（二）燃油系统

1. 作用与组成

燃油供给系统的作用是储存、输送、清洁燃油，并且按发动机各种不同的工况，将适量的燃油与空气混合，供给气缸一定空燃比的可燃混合气。电控燃油系统比传统化油器式供给系统控制精确，提高了燃油经济性和尾气排放标准。

燃油系统主要由汽油箱、电动燃油泵、汽油滤清器、油管、燃油导轨（燃油分配管）、油压调节器、喷油器等组成，如图1-92所示。

目前燃油系统按喷射位置，分为直接燃油喷射和进气歧管燃油喷射，如图1-93所示。直接燃油喷射又可分为TSI（直接燃油喷射）和FSI(分层燃油喷射)。

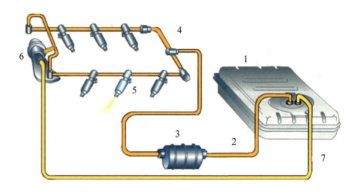

图1-92　燃油系统

1—燃油箱　2—出油管　3—燃油滤清器　4—燃油导轨
5—喷油器　6—燃油压力调节器　7—回油管

2. 进气歧管燃油喷射

1）燃油泵。燃油泵把燃油箱的燃油输送到燃油导轨里，为系统提供一定压力的燃油。如图1-94所示，燃油泵与油位传感器一起安装在汽油箱内，目前一些车辆汽油滤清器也安装在汽油箱内。汽油箱上面装有燃油泵控制单元，它接收发动机控制单元（ECU）发来的脉冲宽度调制（PWM）信号，放大后送给油泵电动机，改变电动机转速，以调整油泵的输出压力。

2）汽油滤清器。汽油滤清器的功用是去除汽油中的杂质和水分。滤清器采用金属外壳，滤芯多采用纸质，也有使用尼龙布、高分子材料，如图1-95所示。

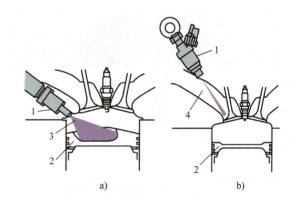

图1-93　喷射位置

a）直接燃油喷射　b）进气歧管喷射
1—喷油器　2—活塞　3—喷出雾状燃油　4—进气歧管

图1-94　燃油泵总成

图1-95　汽油滤清器

3. 直接燃油喷射

直接燃油喷射燃油供给系统分为低压系统和高压系统，低压燃油系统与其他燃油喷射系统的结构基本相同。汽油直接燃油喷射有以下优点：混合气的分配均匀性较好，可以随着发动机使用工况及使用场合的变化而配制一个最佳的空燃比，燃油经济性能较好，排放标准更高。

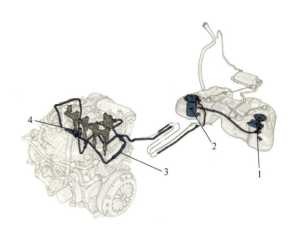

图 1-96 低压燃油系统

1—燃油泵控制单元 2—低压燃油泵
3—低压燃油管路 4—低压燃油传感器

1）低压燃油系统。低压燃油系统的功用是把燃油从油箱输送到高压油泵，为高压油泵提供一定压力的油液。如图 1-96 所示，低压燃油系统主要由燃油泵控制单元、低压燃油泵、低压油管、低压燃油传感器等组成。

2）高压燃油系统。高压燃油由高压燃油泵产生。高压燃油泵是由发动机机械机构驱动的柱塞泵，它对低压燃油泵送来的燃油进行加压，通过燃油导轨（燃油分配管）输送到喷油器，喷油器直接将燃油喷入气缸内。

高压燃油系统在每种工况下都可向喷油器提供最佳燃油压力。低压燃油系统一般提供的压力为460~550kPa，经高压燃油系统可升高到15MPa左右。高压燃油系统的组成如图 1-97 所示。

3）FSI。有的发动机采用FSI（分层充气燃油直接喷射），发动机共有三种工作模式：均质混合气模式、均质稀混合气模式、分层充气模式。均质混合气模式属于一般发动机的供油方式。均质稀混合气模式是依靠气缸内的涡流效应使火花塞附近的混合气很浓，以实现更为经济的燃油消耗。分层充气模式是火花塞附近的浓混合气迅速燃烧，然后适中程度的混合气开始燃烧，最后是稀混合气燃烧。

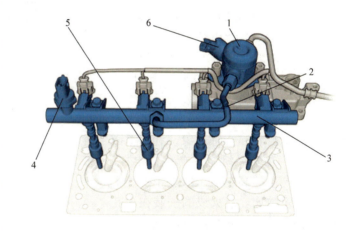

图 1-97 高压燃油系统

1—高压燃油泵 2—高压燃油管 3—燃油导轨
4—高压燃油传感器 5—喷油器 6—高压燃油调节阀

4. 汽油的标号

汽油标号是实际汽油抗爆性与标准汽油抗爆性的比值，汽油的标号越高，抗爆性能就越强。标准汽油由异辛烷和正庚烷组成，异辛烷的抗爆性好，其辛烷值定为100；正庚烷的抗爆性差，在汽油机上容易发生爆燃，其辛烷值定为0。如果汽油的标号为95，则表示该标号的汽油含异辛烷95%、正庚烷5%。目前常用汽油标号如图1-98所示，92号汽油代替以前的93号汽油，可满足更高排放标准。

选择汽油标号的首要标准就是发动机的压缩比，发动机的压缩比越高，选用的汽油标号越高，因此进行燃油添加时并不是汽油的标号越高越好。

（三）点火系统

1. 作用与组成

点火系统的基本作用是在发动机各种工况和使用条件下，在气缸内适时、准确、可靠地产生电火花，点燃可燃混合气，使发动机做功。发动机控制单元根据各有关传感器的信号，对点火线圈做出点火指令。

图1-98　汽油的标号

以前点火系统在点火线圈与火花塞之间装有高压线，目前多采用点火线圈装在火花塞之上的方式，省掉高压线，称作直接点火。点火系统主要由点火线圈、火花塞和点火控制装置等组成，如图1-99所示。

2. 点火线圈

点火线圈的功用是放大发动机控制单元的点火指令，产生高压电直接传输给火花塞。点火线圈将12V蓄电池电压提高到点火所需要的10kV以上电压。点火线圈的初级绕组和次级绕组靠得很近，当在初级绕组上间断地施加电流时，就产生自感和互感现象，利用电磁感应原理，在次级绕组内产生高电压。点火线圈产生的高电压，取决于初、次级绕组的匝数比。点火线圈安装在火花塞上方的插槽中，如图1-100所示。

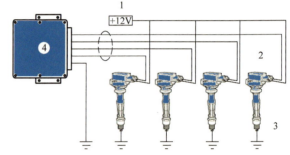

图1-99　点火系统
1—蓄电池电源　2—点火线圈　3—火花塞
4—发动机控制单元

3. 火花塞

火花塞的功用是产生电火花，点燃压缩的空气与燃油混合气。火花塞安装在缸盖上，电极伸入燃烧室。火花塞分为普通火花塞和长寿命火花塞，长寿命火花塞中心电极和侧电极使用特殊合金，如图1-101所示，不仅可以提高发动机的冷起动性能，还可以延长其使用寿命。

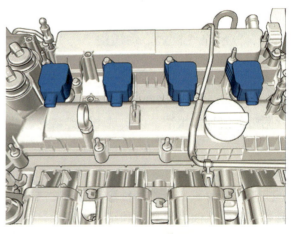

图1-100　点火线圈

长寿命火花塞包括白（铂）金火花塞、铱金火花塞。

1）白金火花塞。这种火花塞用铂金属作为中心电极和接地电极，在耐用性和点火性能上表现优越。

2）铱金火花塞。这种火花塞用铱合金作为中心电极，用铂作为接地电极，具有耐用性和高性能的双重优点。

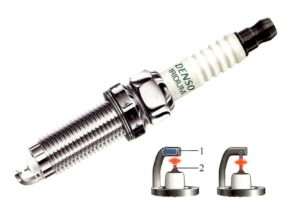

图 1-101　火花塞

1—侧电极　2—中心电极

（四）电子控制系统

1. 作用与组成

（1）作用

1）燃油喷射控制。采用顺序喷射，与点火顺序相同，在每一气缸的进气门打开之前，控制喷油器将燃油喷入进气歧管。

2）点火提前角控制。ECU 根据发动机爆燃传感器信号，决定点火提前角。

3）怠速稳定控制。ECU 通过调节点火提前角、节气门开度、喷油量，使怠速在任何条件及负荷情况下稳定运转。

4）其他控制功能。如控制起动机、散热器风扇继电器、压缩机电磁离合器、涡轮增压器、可变进气相位和气门升程、燃油蒸发排放净化（活性炭罐）、排气再循环（EGR）、二次空气喷射、发动机防盗、发动机起停、索引力、巡航等。

5）自诊断。ECU 实时监控各传感器、执行器信号是否正常，如超过正常边界或信号中断便存储故障码，点亮故障警告灯，在维修时支持诊断仪进行发动机控制系统检测。

（2）组成

电子控制系统由发动机控制单元、传感器、执行器三大部分组成。按进气量检测方式分为 L 型和 D 型。

1）L 型。采用空气流量传感器测量进入发动机的空气量，亦称直接检测型，如图 1-102 所示，左侧是传感器，右侧是执行器。L 型因传感器测量精度高，目前新生产车基本采用这种方式。

2）D 型。采用绝对压力传感器测量进气管负压的变化，从而检测进气量，亦称间接检测型。这种方

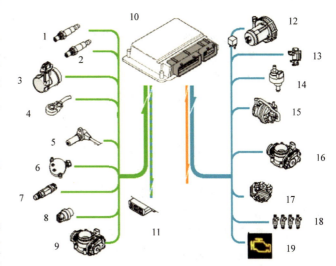

图 1-102　L 型电控系统组成

1—前氧传感器　2—后氧传感器　3—空气流量传感器
4—爆燃传感器　5—曲轴位置传感器　6—凸轮轴位置传感器
7—进气温度传感器　8—冷却液温度传感器
9—节气门位置传感器　10—控制单元　11—诊断座
12—二次空气喷射泵　13—燃油泵继电器　14—活性炭罐阀
15—增压控制电磁阀　16—节气门电动机　17—点火线圈
18—喷油器　19—发动机故障警告灯

式传感器结构简单，多用在早期电喷车辆上。D型电控系统除空气流量传感器外，其他组成与L型电控系统相同。

2. 控制单元

控制单元如图1-103所示，它接收各传感器信号，经计算输出指令给各执行器。

3. 传感器

传感器的功用是感知各种信号，将信号发送给发动机控制单元，各主要传感器如下。

1）空气流量传感器/绝对压力传感器。直接检测或间接检测发动机进气量，ECU以此信号和发动机转速信号计算基本喷油量。

图1-103 发动机控制单元

2）曲轴位置传感器。检测活塞上止点、曲轴转角及发动机转速。

3）凸轮轴传感器。检测凸轮轴位置，与曲轴位置信号配合作为喷油、点火的时间基准。

4）加速踏板位置传感器。检测加速踏板位置，ECU作为执行节气门开度的依据。

5）节气门位置传感器。检测节气门开度，ECU作为判定发动机运转工况的依据。

6）冷却液温度传感器。检测冷却液温度，ECU进行空燃比修正。

7）进气温度传感器。检测进气温度，ECU进行空燃比修正。

8）前氧传感器。检测燃烧废气中的氧分子浓度，ECU进行空燃比修正。

9）后氧传感器。监测三元催化转换器的工作情况，工作不正常则记忆故障码和点亮发动机故障警告灯。

10）爆燃传感器。检测发动机爆燃情况，ECU以延迟点火提前角来消除爆燃。

4. 执行器

执行器的功用是控制进气量、喷油量、点火提前角、急速稳定、排放等。主要执行器有喷油器、点火线圈、节气门电动机、涡轮增压压力控制阀、活性炭罐控制阀、EGR阀、二次空气喷射泵继电器等。这些部件大多在其他章节介绍。

5. 防盗系统

防盗系统亦称发动机停机系统，早期生产的车辆可以单独装有防盗器ECU，也可以集成在发动机ECU内部，如图1-104所示。

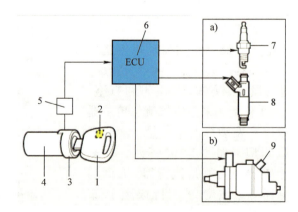

图1-104 防盗器系统

a) 汽油机　b) 柴油机

1—钥匙　2—芯片　3—读识线圈　4—点火开关　5—防盗器ECU
6—发动机ECU　7—火花塞　8—喷油器　9—柴油机喷油泵

防盗系统的工作原理是，防盗器 ECU 检查钥匙的芯片识别码，如钥匙芯片未被授权，则发动机不能起动。在点火开关上装有读识线圈，当打开点火开关时，读识线圈发出电磁波，钥匙芯片接收后发射带有识别码的无线电信号，读识线圈接收后将此信号送至防盗器 ECU，经确认识别码正确再通知发动机 ECU 得以继续运转。如是未授权芯片，对于汽油发动机将停止燃油喷射与点火，对于柴油发动机将停止燃油喷射。

目前生产的汽车，发动机防盗系统远比上述系统复杂。

6. 起停系统

1）功用。节省能源，降低排放。车辆在红绿灯前停车时，发动机自行短时熄火，重新行驶时不需操作点火钥匙，发动机自行起动，一般可降低 7%~10% 的油耗，在堵车时可避免产生排气污染和噪声。

2）组成。以手动档车辆为例，如图 1-105 所示，主要由发动机控制单元、传感器、执行器、液晶显示器组成。传感器包括起停开关、空档开关、离合器踏板开关、制动踏板开关、车门开关等；执行器包括加强型起动机、稳压器。在起动时蓄电池电压下降，稳压器的功用是将稳定电压供给特选的用电器。

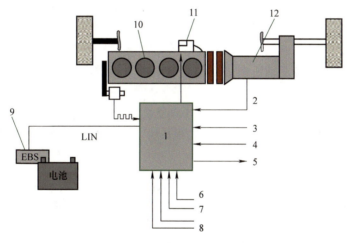

图 1-105 起停系统的组成

1—发动机控制单元 2—空档开关 3—离合器踏板开关 4—制动踏板开关 5—液晶显示器 6—起停开关 7—车门开关 8—其他输入信号 9—蓄电池监视器 10—发动机 11—增强型起动机 12—变速器

3）工作过程。以自动档车辆为例，工作过程如图 1-106 所示。

4）关闭条件。起停系统在工作前检查相关信号，如果不满足就会关闭起停功能，其关闭条件是：

① 关闭了起停开关。
② 蓄电池充电状态。
③ 除霜功能和前风窗玻璃加热开启。
④ 空调设置温度与实际温度之差大于 8℃。
⑤ 发动机转速高于 1200r/min。
⑥ 驾驶人离开座位 30s 以上。
⑦ 下坡坡度大于 10%，上坡坡度大于 12%。

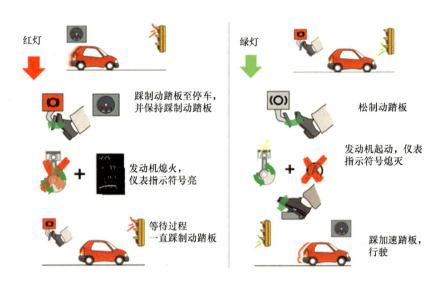

图 1-106　起停系统的工作过程

（五）排气系统与净化装置

1. 作用与组成

排气系统的作用是将发动机燃烧后的废气由排气管排出。排气系统主要由排气歧管、排气管、消声器等组成。

为了降低有害气体的排放，安装了排气净化装置，主要包括三元催化转换器、柴油机微粒过滤器、排气再循环系统、汽油蒸发控制系统、曲轴箱强制通风系统等。

2. 排气歧管

如图 1-107 所示，排气歧管一般由铸铁或球墨铸铁制成，有些车型采用不锈钢排气歧管，原因是不锈钢排气歧管质量轻，耐久性好，同时内壁光滑，排气阻力小。

3. 消声器

消声器的功用是降低排气噪声，如图 1-108 所示。消声器通过逐渐降低排气压力和衰减排气压力的脉动，使排气能量耗散殆尽。

图 1-107　排气歧管

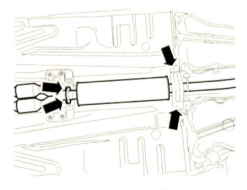

图 1-108　排气消声器

4. 排气净化装置

汽车排放的污染物主要有一氧化碳（CO）、碳氢化合物（HC）、氮氧化物（NO_x）和微粒。为减少有害气体的排放，发动机广泛采用排气净化装置，常用的发动机净化装置有三元催化转换器、柴油机微粒过滤器、排气再循环系统等。

1）三元催化转换器。它是利用催化剂的作用将排气中的 CO、HC 和 NO_x 转换为对人体无害的 H_2O、CO_2、N_2 的一种排气净化装置。三元催化转换器安装在排气歧管后端，如图 1-109 所示。催化转换器的蜂窝状陶瓷载体中，涂有贵金属铂、铑、钯作为催化剂，最佳工作温度为 400~800℃，能将有害气体转换成水和无害的气体。

2）柴油机微粒过滤器。微粒是柴油机排放的突出问题，对车用柴油机排气微粒的处理，主要采用过滤法。微粒过滤器如图 1-110 所示，滤芯由多孔陶瓷制造，它有较高的过滤效率，排气穿过多孔陶瓷滤芯进入排气管，而微粒则滞留在滤芯上。过滤器工作一段时间后，需及时清除积存在滤芯上的微粒，以恢复过滤器的工作能力和减小排气阻力。

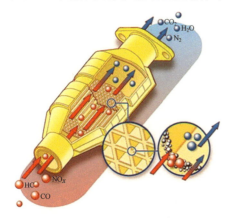

图 1-109　三元催化转换器

图 1-110　微粒过滤器

5. 其他净化装置

1）排气再循环。英文缩写为 EGR，全称 Exhaust Gas Recirculation，中文译成排气再循环。如图 1-111 所示，燃烧后的废气通过 EGR 阀进入进气歧管，再进入气缸进行燃烧。由于废气中含有大量的 CO_2，而 CO_2 不能燃烧却吸收大量的热，使气缸中混合气的燃烧温度降低，从而减少了 NO_x 的生成量。

2）汽油蒸发控制系统。汽油箱里的燃油随时都在蒸发汽化，若不加以控制或回收，则当发动机停机时，汽油蒸气将逸入大气，造成对环境的污染。汽油蒸发控制系统的功用是将这些汽油蒸气收集和储存在活性炭罐内，在发动机工

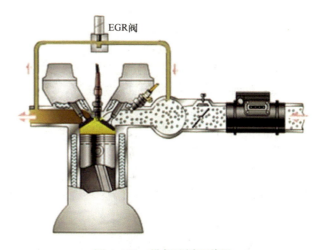

图 1-111　排气再循环装置

作时再将其送入气缸燃烧。如图 1-112 所示，该系统主要由活性炭罐、炭罐电磁阀等组成。

3）曲轴箱强制通风系统。英文缩写为 PCV，全称 Positive Crankcase Ventilation，中文译成曲轴箱强制通风系统，如图 1-113 所示。强制式曲轴箱通风系统是防止曲轴箱气体排放到大气中的净化装置，PCV 系统主要由 PCV 阀及通气软管组成。

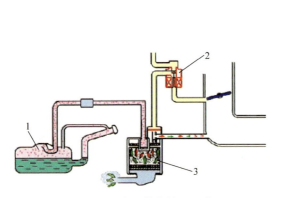

图 1-112　汽油蒸发控制系统

1—燃油箱　2—炭罐电磁阀　3—活性炭罐

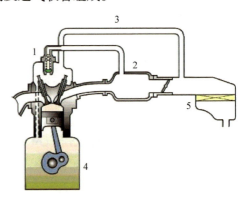

图 1-113　强制通风系统

1—PCV 阀　2—进气歧管　3—通气软管
4—曲轴箱　5—空气滤清器

（六）柴油发动机燃油供给系统

1. 作用与组成

柴油发动机燃油供给系统主要作用：在适当的时刻将一定数量的洁净柴油增压后以适当的规律喷入燃烧室；喷油正时和各缸喷油量相同且与柴油机运行工况相适应。喷油压力、雾化质量及其在燃烧室内的分布与燃烧室类型相适应；在每一个工作循环内，各气缸均喷油一次，喷油顺序与气缸工作顺序一致；根据柴油机负荷的变化自动调节循环供油量，以保证柴油机稳定运转，尤其要稳定怠速，限制超速；储存一定数量的柴油，保证汽车的最大续驶里程。

柴油机燃油供给系统主要由燃油箱、油水分离器、燃油精滤器、高压泵、共轨燃油导轨、喷油器、燃油控制单元等部件组成，如图 1-114 所示。

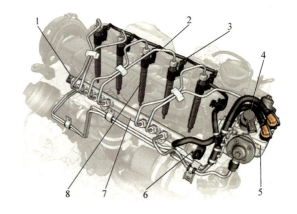

图 1-114　柴油机燃油供给系统的组成

1—油压传感器　2—供油管　3—回油管　4—压力截止阀
5—高压燃油泵　6—低压传感器　7—燃油导轨　8—喷油器

2. 柴油的标号

选用柴油的标号如果不适合使用温度区间，燃油系统就可能结蜡，堵塞油路，影响发动机的正常工作。柴油标号的依据是柴油的凝固点，柴油的标号越低，结蜡的可能性就越小。目前国内应用的轻柴油按凝固点分为 6 个标号：5＃柴油、0＃柴油、-10＃柴油、

-20#柴油、-35#柴油和-50#柴油。选用不同标号的柴油应主要根据使用时的气温确定，见表1-1。

表1-1 柴油标号

柴油标号	5#	0#	-10#	-20#	-35#	-50#
使用温度	大于8℃	4~8℃	-5~4℃	-14~-5℃	-29~-14℃	-44~-29℃

3. 汽油机与柴油机的区别

汽油机与柴油机的区别，见表1-2。

表1-2 汽油机与柴油机的区别

区别	汽油机	柴油机
构造不同	气缸顶部有火花塞	气缸顶部有喷油器
燃料不同	汽油	柴油
运行特点	转速高，起动快	转速低，转矩大
压缩比	因为汽油燃点高，所以压缩比较低，在8~14	压缩比高，在18~24
点火方式	压缩行程即将结束，火花塞产生电火花点燃混合气	压缩行程后期，喷油器向气缸内喷入柴油，此时温度超过柴油燃点，混合气自动点燃
效率	热效率低，发动机温度较高	热效率高，燃油经济性好

第3节 底盘

一、传动系统

（一）功用与组成

1. 功用

汽车传动系统的基本功用是将发动机发出的动力传给驱动车轮。具体包括：①变速变矩，变速器在发动机转速范围变化不大的情况下，满足汽车行驶速度变化大和克服各种行驶阻力的要求。②实现倒车，变速器设有倒档，实现汽车倒车。③中断动力传递，在换档过程、行驶过程中短时间停车，利用变速器的空档中断动力传递。④减速增矩，通过主减速器的减速比，达到减速增矩的目的。⑤差速功能，在汽车转向等情况下，需要两驱动车轮以不同转速转动，差速器可以实现差速功能。

2. 组成

如图1-115所示，FF车辆传动系统由离合器、驱动桥、驱动轴等组成，驱动桥又包括变速器和差速器两部分。FR车辆传动系统由离合器、变速器、传动轴、差速器、半轴、车桥等组成。

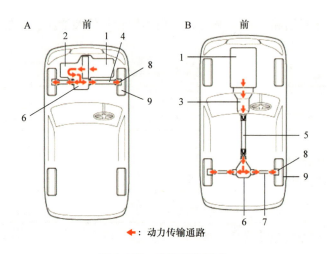

图 1-115 传动系统组成

A—FF 车 B—FR 车
1—发动机 2—驱动桥 3—变速器 4—驱动轴 5—传动轴 6—差速器
7—半轴 8—车桥 9—车轮

(二)离合器

1. 功用与组成

1)功用。①逐渐接合动力,保证汽车平稳起步;②暂时切断动力,保证换档;③有效传递动力,离合器不得打滑。

2)组成。由离合器、操纵机构两部分组成,如图 1-116 所示。

3)离合器。包括主动部分和从动部分,如图 1-117 所示。主动部分包括飞轮、压盘总成。压盘总成又由离合器盖、膜片弹簧、压盘等组成。从动部分是离合器摩擦片。

4)操纵机构。主要由离合器踏板、推杆、主缸、液压软管、工作

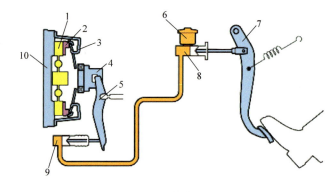

图 1-116 离合器组成

1—摩擦片 2—压盘 3—离合器盖 4—分离轴承
5—分离叉 6—储液罐 7—离合器踏板
8—主缸 9—工作缸 10—飞轮

缸、分离叉、分离轴承等组成,如图 1-118 所示。离合器踏板和分离轴承之间通过主缸、工作缸及液压管路相连,离合器依靠人力产生的液压力控制。

2. 离合器工作过程

1)离合器分离。如图 1-119 所示,离合器踏板被踩下时,主缸活塞推动离合器液经液压软管到达工作缸,液压推动工作缸活塞,活塞推杆推动分离叉和分离轴承,膜片弹簧将压盘拉起,对摩擦片解除压力,使之脱离与飞轮和压盘的接触,离合器呈分离状态。

第1章 二手车鉴定评估基础

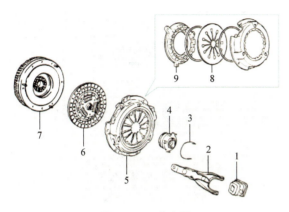

图 1-117 离合器

1—防尘套 2—分离叉 3—卡圈 4—分离轴承
5—压盘总成 6—摩擦片 7—飞轮
8—膜片弹簧 9—压盘

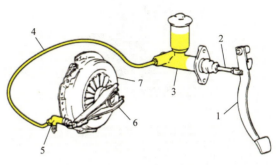

图 1-118 操纵机构

1—离合器踏板 2—推杆 3—主缸
4—液压软管 5—工作缸
6—分离叉 7—压盘总成

2) 离合器接合。如图 1-120 所示，离合器踏板释放后，膜片弹簧回位，通过分离轴承、分离叉推动工作缸活塞，将离合器液送回到主缸，踏板处于自由状态，膜片弹簧对摩擦片产生压力，摩擦片由于受飞轮和压盘之间的摩擦力使之一起转动，离合器呈接合状态。

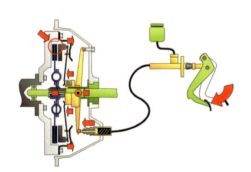

图 1-119 离合器分离

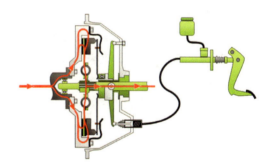

图 1-120 离合器接合

（三）手动变速器

1. 功用与组成

1) 功用。输入轴将动力传递给变速器中的齿轮，齿轮改变转矩和转速并将动力输出，实现前进、倒车、空档功能。手动变速器如图 1-121 所示。

2) 组成。手动变速器主要由变速器总成和换档操纵机构组成。变速器总成主要由壳体、输入轴、输出轴、倒档轴、齿轮、同步器、换档机构、自锁机构、互锁机构等部件组成。

2. 变速器主要部件

1) 变速器轴。6 前进档变速器的输入轴和输出轴如图 1-122 所示。发动机的动力通过离合器摩擦片传递给输入轴，然后通过输入轴和输出轴上某个档位的一对啮合齿轮，再由输出轴向主减速器的主动齿轮输出转矩。

41

图 1-121 手动变速器

图 1-122 变速器轴

1—输入轴　2—输出轴

2）齿轮。6 个前进档有 6 对齿轮，1 个倒档齿轮，如图 1-123 所示。

3）同步器。同步器的功用是在换档时避免档位齿轮啮合时出现撞击，由接合套、同步环、齿毂、滑块、档位接合齿及摩擦锥面组成。同步环可以设 1~3 个，越多同步功能越好。如图 1-124 所示，单同步环有一对摩擦锥面，双同步环有两对摩擦锥面，三同步环有三对摩擦锥面。

3. 换档操纵机构

操纵机构如图 1-125 所示，变速杆通过拉索连接变速器换档机构，从而达到换档的目的。

图 1-123 变速器齿轮

R—倒档齿轮
1—1 档齿轮　2—2 档齿轮　3—3 档齿轮
4—4 档齿轮　5—5 档齿轮　6—6 档齿轮

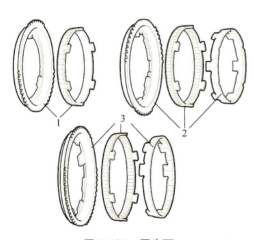

图 1-124 同步环

1—单同步环　2—双同步环　3—三同步环

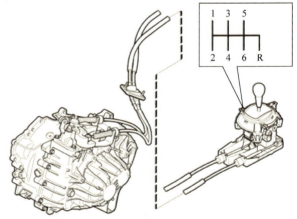

图 1-125 换档操纵机构

（四）差速器

1）功用。在差速器壳体中包含主减速器，如图 1-126 所示，具有三种功用：①减速，进一步降低转速，增加转矩；②差速，汽车转弯或在不平路面行驶时，使左右驱动车轮以不同的转速滚动；③驱动力方向转换，FR 车辆，将来自变速器的动力方向改变 90°，传送到驱动车轮。

2）结构。如图 1-127 所示，FF 车辆的差速器与变速器组合成驱动桥，FR 车辆的差速器与主减速器安装在后桥。差速器设有两个行星齿轮和两个半轴齿轮，这些齿轮在汽车转弯时自动调节左、右车轮的转速差。

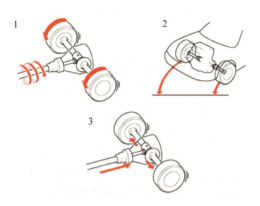

图 1-126　差速器功用

1—减速　2—差速　3—驱动力方向转换

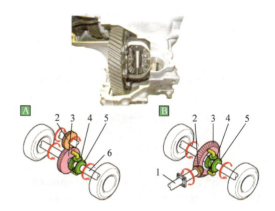

图 1-127　差速器结构

A—FF 车　B—FR 车

1—传动轴　2—主动齿轮　3—从动齿轮

4—行星齿轮　5—半轴齿轮　6—驱动轴

（五）驱动轴

FF 车的驱动轴功用与传动轴相同，都是将变速器的转矩传递给驱动车轮。驱动轴一端与驱动桥连接，一端与驱动车轮连接。驱动轴由内侧等角速万向节、半轴、外侧等角速万向节、万向节防尘套等组成，如图 1-128 所示。

图 1-128　驱动轴

1—内侧等角速万向节　2—半轴　3—外侧等角速万向节　4—万向节防尘套

驱动轴的两端装有两个等角速万向节，无论万向节的角度怎样，等角速万向节总能够防止差速器输出轴与车轮轴之间出现瞬时转速差。等角速万向节有球笼式、三枢轴式两种形式。

1）球笼式万向节。球笼式万向节由内座圈、球笼、钢球、外座圈组成，如图 1-129 所示，钢球在内、外座圈的滚道中滚动具有传力功用，内座圈连接驱动轴，外座圈连接车轮轴。

2）三枢轴式万向节。三枢轴架上装有 3 个滑动滚子，如图 1-130 所示，由于滑动滚子可以在滑道内轴向自由移动，可以使轴形成一定的角度并可以调节长度，以适应车辆悬架的运动。在速度性能稳定方面三枢轴式万向节稍差于球笼式万向节，但结构简单，并可以轴向滑移。

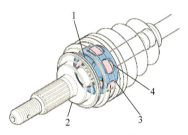 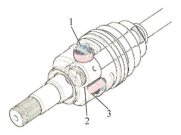

图 1-129　球笼式万向节
1—内座圈　2—外座圈　3—球笼（钢球保持架）　4—钢球

图 1-130　三枢轴式万向节
1—枢轴　2—枢轴架　3—滑动滚子

（六）传动轴与中间支撑

1. 传动轴

传动轴装在前置发动机、后轮驱动或四轮驱动车辆上。传动轴的功用是将动力传递给后驱动桥。因为传动轴是一个高转速、少支撑的旋转体，所以在工作中需要保持运转动平衡。传动轴一端安装在变速器输出端，另一端与驱动桥相连接，如图 1-131 所示。

2. 中间支撑

当传动轴比较长时，传动轴中间会分段，需要设置中间支撑，如图 1-132 所示。中间支撑的特点是，传动轴可以在支撑轴承中转动，支撑轴承装有橡胶衬套，可以改善轴承受力。

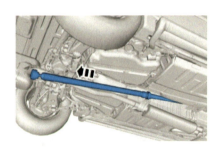 

图 1-131　传动轴

图 1-132　中间支撑
1—中间支撑　2—传动轴

二、自动变速器

（一）功用及分类

1）功用。自动变速器的功用是根据发动机负荷和车速等工况的变化，自动变换传动比，使车辆获得良好的动力性和燃油经济性，提高车辆行驶的安全性、乘坐舒适性和操纵轻便性。

2）分类。自动变速器类型有液压自动变速器（AT）、无级变速器（CVT）、双离合变速器（ECT）、电控机械自动变速器（AMT）、混合动力汽车变速器。

（二）AT

AT 主要由液力变矩器、行星齿轮机构、液压控制装置、电子控制系统四个部分组成，如图 1-133 所示。

换档操作机构，即变速杆总成位于中央控制台，通过一根拉索机械连接至变速器，如图 1-134 所示。

图 1-133　AT

图 1-134　换档操纵机构

1. 液力变矩器

液力变矩器位于发动机和变速器之间，以自动变速器油（ATF）为工作介质，主要功用是增加转矩、无级变速、自动离合、驱动油泵。

液力变矩器主要由泵轮、涡轮、导轮和锁止离合器组成，如图 1-135 所示。泵轮与发动机曲轴相连，涡轮与变速器输入轴相连，泵轮和涡轮之间没有机械连接，二者之间靠液体流动来传递动力。导轮的功用是增加转矩，锁止离合器工作时将泵轮和涡轮锁为一体，可以机械地传送动力而不用液体传送。

2. 行星齿轮机构

行星齿轮机构是自动变速器的变速部分，行星齿轮排如图 1-136 所示。行星齿轮机构有三个部件：太阳轮、行星齿轮架（包含行星齿轮）、齿圈。每个部件都可以作为输入、输出，也可以保持不动，自动变速器内部通过两排或者三排行星齿轮形成不同的档位。

图 1-135　液力变矩器结构

1—泵轮　2—导轮　3—涡轮　4—锁止离合器
5—变矩器壳体　6—驱动接口

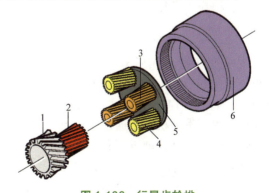

图 1-136　行星齿轮排

1—太阳轮　2—轴　3、4—行星齿轮
5—行星齿轮架　6—齿圈

3. 液压控制装置

液压控制装置也称阀体，内部有不同的开关阀、压力阀，这些阀按照变速器的要求动作来改变油路方向和油压，从而控制换档执行件，以获得相应的档位。液压控制装置主要由油泵、阀体、油路、离合器、制动器、ATF冷却器等组成，如图1-137所示。

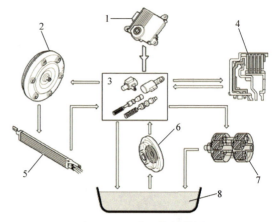

图1-137　液压控制装置

1—变速器控制单元　2—液力变矩器　3—液压控制阀
4—离合器/制动器　5—ATF冷却器　6—油泵
7—行星齿轮机构　8—变速器油底壳

4. 电子控制系统

为提供换档的平顺性，变速器控制单元（TCM）接收各传感器发来的信号，如图1-138所示，进行换档控制。自动变速器车辆在换档行驶时，要考虑发动机的运行情况以及自动变速器和其他电气系统的工作状况，所以需要电控系统来连接这些系统，使这些系统能够协调工作，达到完美的工作效果。

电子控制系统主要由变速器控制单元、传感器、执行器组成，在不同的行驶模式、发动机负载、驾驶人要求、车速等情况下，调整适当的档位来提高燃油经济性和行驶的舒适性。变速器控制单元（TCM）如图1-139所示。有些车辆将发动机控制单元（ECM）与变速器控制单元合二为一，称作PCM。

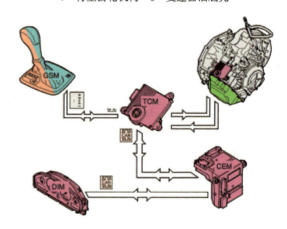

图1-138　电子控制系统

（三）无级变速器

无级变速器采用带式传动，在最小传动比和最大传动比之间可以连续控制，如图1-140所示。根据发动机输出功率，发动机转矩通过飞轮减振器传递给变速器，前进档和倒档各有一个湿式离合器，倒档旋转方向通过行星齿轮系改变。转矩再通过辅助减速齿轮传递到主动带轮，然后通过传动带传给从动带轮，最后通过主减速器的主动齿轮，传给主减速器从动齿轮。

图1-139　变速器控制单元

主动带轮与从动带轮的宽度由液压控制单元同步调整,主动带轮调宽,从动带轮调窄,传动比增大,如图1-141所示。主动带轮调窄,从动带轮调宽,传动比减小,如图1-142所示。液压控制单元受控于变速器控制单元。

当踩下制动踏板时,制动踏板指示灯点亮,可将变速杆由P位换到R、N、D位,如图1-143所示。Tiptronic功能提供有级手动模式,推向"+"升档,拉向"-"降档,此时还要由控制单元根据车速来确认。

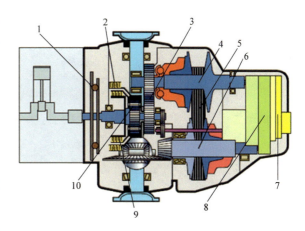

图 1-140　无级变速器

1—飞轮减振器　2—倒档离合器　3—辅助减速齿轮　4—主动带轮　5—传动带　6—从动带轮　7—变速器控制单元　8—液压控制单元　9—前进档离合器　10—行星齿轮排

图 1-141　传动比增大

1—主动带轮　2—从动带轮

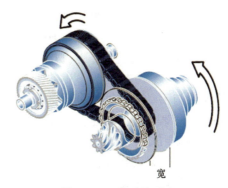

图 1-142　传动比减小

(四) 双离合变速器

双离合变速器也称作直接换档变速器(DSG),7速DSG如图1-144所示,具有7个前进档和1个倒档。ECT主要由离合器K1和K2、驱动轴1和驱动轴2、输出轴1和输出轴2、输出轴3、P位锁齿轮等组成。

飞轮通过K1与驱动轴1接合,再通过1/3、5/7换档拨叉拨动同步器,如图1-145所示,挂上1、3、5、7档。飞轮通过K2与驱动轴2接合,再通过2/4、6/倒换档拨叉拨动同步器,挂上2、4、6、倒档。P位锁齿轮被锁止后,通过输出轴3可将差速器圆柱齿轮锁住。

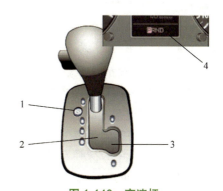

图 1-143　变速杆

1—制动踏板指示灯　2—自动模式(P/R/N/D)　3—手动模式(+/-)　4—档位指示灯

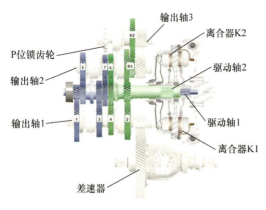

图 1-144　7 速 DSG

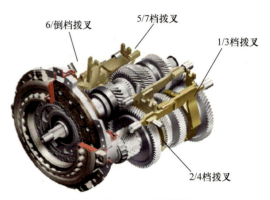

图 1-145　四个换档拨叉

1~7—前进档齿轮　R1—倒档中间齿轮　R2—倒档齿轮
蓝色—驱动轴 1 及 1、3、5、7 档齿轮
绿色—驱动轴 2 及 2、4、6 倒档齿轮

（五）电控机械自动变速器

AMT 是在手动变速器的基础上实现自动换档。变速器采用平行轴斜齿轮传动，特点是齿轮变速机构简单、制造和维修成本较低。齿轮变速机构大致与手动变速器相同，如图 1-146 所示，驾驶人将变速杆置于"D"位，变速器 ECU 根据车速、节气门位置等信号，自动操作离合器和换档机构进行传动比改换。

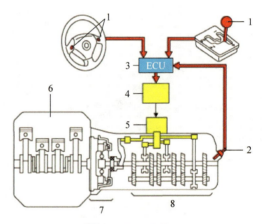

图 1-146　AMT

1—变速杆　2—传感器　3—变速器 ECU　4—油泵　5—执行器
6—发动机　7—离合器　8—变速器

三、行驶系统

（一）功用与分类

1）功用。汽车行驶系统的功用是接受由发动机经传动系统传来的转矩，并通过驱动车轮与路面附着作用，产生路面对汽车的驱动（牵引）力，传递并承受路面作用于车轮上的各反力。行驶系统应尽可能缓和不平路面对车身造成的冲击和振动，保证汽车行驶平顺性。行驶系统与转向系统配合，实现汽车行驶方向的正确控制，保证汽车操纵稳定性。

2）组成。汽车行驶系统主要由车桥、悬架、车轮轴承、轮毂和轮胎等组成，如图 1-147 所示。越野汽车利用车架、轿车利用车身作为行驶系统的装配基体。

悬架将车桥与车架或车身相连。悬架的功用是传力、导向和缓冲减振。悬架主要由弹性元件、减振器、导向机构、横向稳定杆等组成，如图 1-148 所示。

第1章 二手车鉴定评估基础

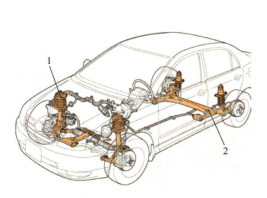

图 1-147　行驶系统
1—前悬架　2—后悬架

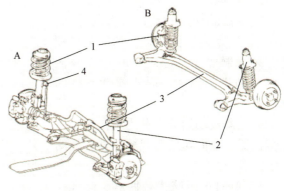

图 1-148　悬架组成
A—独立悬架　B—非独立悬架
1—弹性元件　2—减振器　3—横向稳定杆　4—导向机构

3）分类。汽车悬架有两种类型：普通悬架、主动悬架。普通悬架系统的刚度和阻尼是按经验或优化设计的方法确定的，在汽车行驶过程中其性能是不变的。主动悬架的刚度、阻尼及车身高度，由悬架 ECU 按照行驶状态进行自适应调节，使悬架始终处于最佳减振状态。

（二）普通悬架

1. 弹性元件

弹性元件的功用是缓和路面冲击力并减少传递到车身上的振动，常采用的弹性元件有螺旋弹簧、钢板弹簧、扭杆弹簧。

1）螺旋弹簧。螺旋弹簧广泛用于独立悬架，如图 1-149 所示，有些乘用车后轮非独立悬架也采用。螺旋弹簧的优点是重量轻、抗冲击能力优越、乘坐舒适性好，它主要用于乘用车。

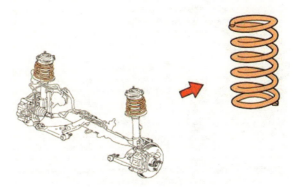

图 1-149　螺旋弹簧

2）钢板弹簧。钢板弹簧除了弹簧功能外兼有导向机构功用，如图 1-150 所示，无需再设导向机构。钢板弹簧的优点是持久耐用，缺点是体积大、重量大、乘坐舒适性不好，它主要用于载货汽车。

3）扭杆弹簧。扭杆弹簧利用扭力杆的扭转弹性变形承载和吸收冲击，如图 1-151 所示。扭杆弹簧的优点是结构简单、维修简便，它主要用于越野车、皮卡。

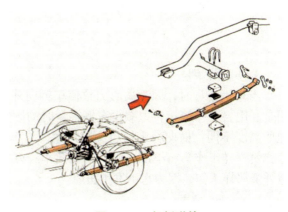

图 1-150　钢板弹簧

49

2. 减振器

减振器的功用是缓冲车身的振动，如图 1-152 所示，提供良好的行驶平顺性。减振器的工作原理是利用油液流过活塞通道的阻力，限制弹性元件的移动。

减振器按功用分类分为单向功用筒式减振器、双向功用筒式减振器，如图 1-153 所示。

1）单向功用筒式减振器。伸张行程时，上室油液经节流孔缓慢流入下室，产生对弹簧振动的阻尼力。压缩行程时，因单向阀孔径很大，下室油液快速流回上室，不产生阻尼力。

2）双向功用筒式减振器。伸张行程时，上室油液经节流孔缓慢流入下室，产生对弹簧振动的阻尼力。压缩行程时，因单向阀孔径较小，下室油液缓慢流回上室，产生阻尼力。目前各种车辆均采用双向功用减振器。

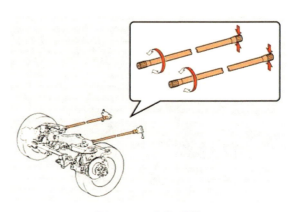

图 1-151　扭杆弹簧

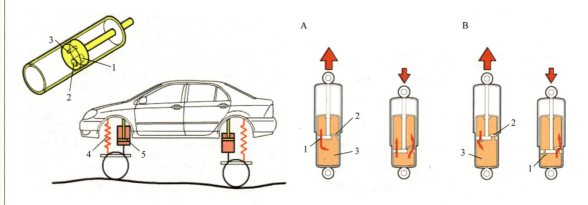

图 1-152　减振器

1—活塞　2—单向阀　3—节流孔　4—弹簧　5—减振器

图 1-153　减振器工作原理

A—单向功用筒式　B—双向功用筒式
1—节流孔　2—单向阀　3—油液

3. 横向稳定杆

当车辆转弯时，因为离心力致使车辆向外侧倾斜，如图 1-154 所示，横向稳定杆的功用是利用自身弹簧扭转力减少车辆转弯时的倾斜，保持轮胎贴紧地面。如果两前轮接触的地面高度不同，横向稳定杆也会起作用，当车辆倾斜并且一侧车轮下沉时，稳定杆扭曲，像弹簧一样工作，将下沉一侧的车轮向车身方向提升。如果是两侧等量下沉，稳定杆不会像弹簧那样工作，因为它不发生扭曲。

4. 球头销

麦弗逊式悬架的下控制臂（下摆臂）与转向节之间采用球头销连接，如图 1-155 所示。球头销承受垂直及水平载荷，在转动方向盘时起着转向节销的功用。

5. 非独立悬架

根据支撑车轮的方式，悬架分为非独立悬架和独立悬架，如图 1-156 所示。低级别乘用车一般前桥采用独立悬架，后桥采用非独立悬架。高级乘用车一般前、后桥均采用独立悬架。

非独立悬架的两个车轮连接到一个车桥上，车桥通过弹簧固定到车身上，由于两个车轮和车桥在垂直方向上运动步调一致，因此车轮的运动相互影响。这种悬架类型具有结构简单、可靠性高的特点。非独立悬架常采用拖臂式，两个拖臂与车桥横梁制成一体，如图 1-157 所示，横向推力杆对车桥横梁起横向定位作用，螺旋弹簧只承受垂直方向的力，这种形式具有结构简单和乘坐舒适的特点，应用在 FF 乘用车的后桥。

6. 独立悬架

独立悬架的每个车轮都有单独的控制臂支撑，控制臂通过弹簧安装在车身上。这种悬架因为每个车轮相对于其他车轮都独立地上下运动，能有效地减振并提供极好的乘坐舒适性。独立悬架常用麦弗逊式、双横臂式。

1）麦弗逊式。这是一种免去上控制臂的悬架形式，如图 1-158 所示，使得结构比双横臂式简单。由于零部件较少，因此较易保养，主要应用在 FF 乘用车的前桥。

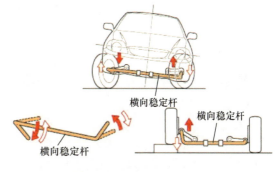

图 1-154 横向稳定杆

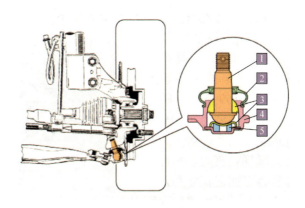

图 1-155 球头销
1—球头销　2—防尘套　3—球座　4—外壳　5—橡胶垫

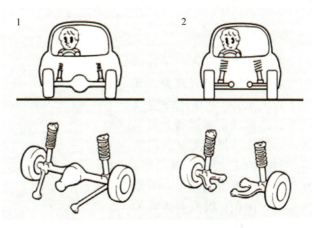

图 1-156 两种类型悬架
1—非独立悬架　2—独立悬架

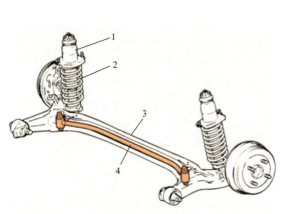

图 1-157　拖臂式悬架

1—减振器　2—螺旋弹簧　3—横梁　4—横向推力杆

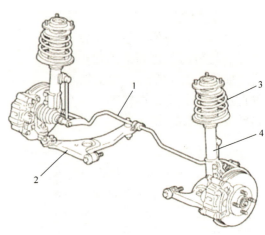

图 1-158　麦弗逊式悬架

1—横向稳定杆　2—控制臂　3—螺旋弹簧　4—减振器

2）双横臂式。具有支撑车轮和转向节的上、下控制臂，如图 1-159 所示。转向节将上、下控制臂连接起来，控制臂承受纵向和横向力，螺旋弹簧只承受垂直力。这种结构因零部件多而变得复杂，但是因为刚性好且能稳固地支撑车轮，故能提供极好的操纵稳定性和行驶平顺性，主要应用在 FR 乘用车的前桥。

（三）主动悬架

主动悬架常采用电子控制空气悬架，使用空气弹簧，如图 1-160 所示，利用压缩空气的弹性，取代金属弹簧，可以缓冲小振动并提供更好的行驶平顺性。ECU 根据行驶条件，利用空气压缩机调整主空气室的压力、体积，以改变弹簧的弹性和车身高度。

ECU 根据行驶情况改变减振器的阻尼力，如图 1-161 所示，确保良好的舒适性和操纵

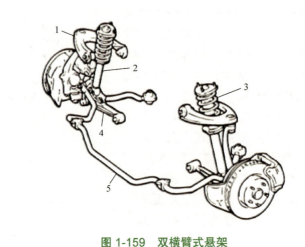

图 1-159　双横臂式悬架

1—上控制臂　2—减振器　3—螺旋弹簧　4—下控制臂　5—横向稳定杆

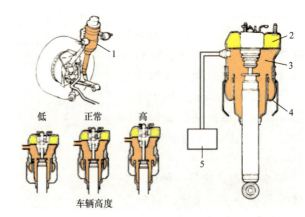

图 1-160　空气弹簧

1—空气弹簧　2—副空气室　3—主空气室　4—橡胶气囊　5—空气压缩机

稳定性，使车辆处于水平。起步时，强阻尼力使车辆行驶稳定；正常行驶时，弱阻尼力使行驶舒适；转向时，较强阻尼力使车辆运行平稳；高速驾驶时，中等阻尼力使驾驶舒适而平稳；制动时，较强阻尼力使车辆平稳行驶。

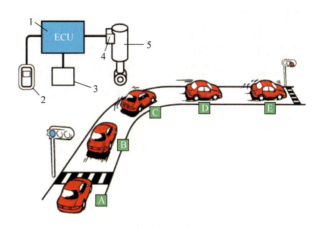

图 1-161　电子控制减振器阻尼力

1—电子控制空气悬架 ECU　2—减振器控制开关　3—传感器
4—减振器执行器　5—减振器

（四）车轮定位

车辆必须具有稳定的直线行驶性能和转弯性能，因此，通过将车轮以特定的角度与地面定位来实现各个定位角度，这就是所谓的车轮定位。车轮定位主要包括主销后倾、主销内倾、车轮外倾、前束。当车辆出现行驶跑偏、轮胎异常磨损等现象时，均需要进行四轮定位。

1）主销后倾。从车辆侧面看时，主销轴线向后倾斜角度 γ 称为主销后倾，如图 1-162 所示。主销后倾的主要作用是在汽车转弯后，前轮能自动回正，以保持汽车直线行驶的稳定性。

主销后倾角是主销轴线和地面垂直线之间的角度，该角度产生一个使车轮返回直线行驶的力，这样就能够使车辆保持直线行驶。L 是主销后倾拖距，这是轮胎的接地中心与主销轴延长线同路面交点之间的距离，车辆沿直线行驶的能力随主销后倾拖距提高而提高。

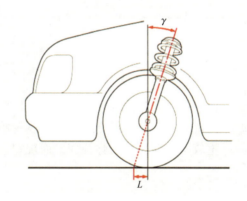

图 1-162　主销后倾

2）主销内倾。从车辆前方看时，主销轴线向内倾斜角度 β 称为主销内倾，如图 1-163 所示。主销内倾的作用是汽车转弯后，使车轮自动回正，保持汽车直线行驶的稳定性。

主销内倾角是主销轴线和地面垂直线之间的角度，L 是主销偏置距，这是沿路面测量的轮胎中心线和主销轴线延伸线与路面交点之间的距离。

3）车轮外倾。从车辆前方看时，

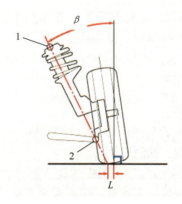

图 1-163　主销内倾

1—上球节　2—下球节

车轮的倾斜角度α称为车轮外倾，如图1-164所示。前轮外倾的作用是提高前轮工作的安全性和转向操纵轻便型。

向内倾斜是负外倾，外倾角是由车轮中心线和地面垂直线形成的，它可使轮胎紧紧附着在地面上，这就增强了车辆的转弯性能。

4）前束。从车辆上方向下看时，车轮一般都朝向内侧，这种情况称为前束，如图1-165所示。前束的作用是消除由于车轮外倾带来的不良影响，使车轮具有纯滚动行驶的能力。

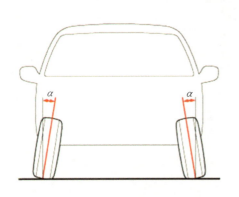

图1-164　车轮外倾

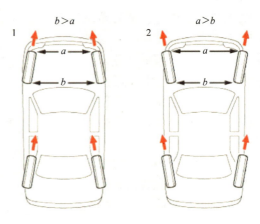

图1-165　前束

1—正前束　2—负后束

前束有助于保持车辆直线行使。车轮朝向内侧，即$b>a$称为正前束；车轮朝向外侧，即$a>b$称为负前束。如果斜交线和子午线轮胎的外倾角相同，转弯时斜交线轮胎的胎面和胎肩将产生较大的变形，为弥补变形而规定较大的前束值，子午线轮胎则规定前束值较小或为零。

（五）车轮与轮胎

1. 车轮

1）功用。车轮的功用是支承整车，缓和来自路面的冲击力，产生驱动力、制动力和侧向力，承担越障，提高通过性等。

2）组成。车轮主要由轮毂和轮胎两部分组成，轮毂是介于轮胎和车轴之间承受负荷的旋转组件。

2. 轮辋

轮辋是轮胎的承载体，对车辆行驶的安全性有很重要的作用。轮辋按照材质可以分为铝合金轮辋、钢制轮辋。

1）铝合金轮辋。用铝或镁合金制成，如图1-166所示。与钢制轮毂相比，铝合金轮辋更轻，可降低簧下重量，提高乘坐舒适性、附着性、加速性和散热性等。

2）钢制轮辋。如图1-167所示，钢制轮辋制造简单，适宜大批生产，重量较轻，并且为了减轻重量，改善制动器的冷却性能，车轮上通常开有多个孔洞。钢制轮辋较容易变形，因此多应用于低端车型。

图 1-166 铝合金轮辋

图 1-167 钢制轮辋

3. 轮胎

1）轮胎功用。轮胎的功用是缓冲、减振，与路面相互作用产生驱动力、制动力和侧向力，保证汽车的通过性，承受汽车重力。

2）轮胎种类。分为子午线轮胎和斜交线轮胎，目前乘用车均采用子午线轮胎。与斜交线轮胎相比，子午线轮胎重量轻、胎面变形较小、具有较好的附着力和转弯性能。

3）子午线轮胎结构。主要由胎面、带束层、钢丝帘线加固带层、胎体帘布层、内胶层、胎侧壁、型芯、钢芯、轮缘加强层等组成，如图 1-168 所示。

4）轮胎外表面。包括四个部分：胎冠、胎肩、胎侧、胎圈。胎冠与路面接

图 1-168 轮胎结构

1—胎面 2—带束层 3—钢丝帘线加固带层 4—胎体帘布层 5—内胶层 6—胎侧壁 7—型芯 8—钢芯 9—轮缘加强层

触，直接承受冲击和磨损，保护帘布层免受机械损伤，为使轮胎与路面之间有良好的附着性能，胎面上制有各种凹凸花纹。胎肩是胎冠与胎侧过渡的拐角处，如果车轮定位不正确，此处容易磨损。胎侧在轮胎的侧面，是轮胎的薄弱部位。胎圈的作用是使轮胎牢固地装在轮辋上，有较大的刚度与强度。

5）子午线轮胎型号。采用国际标准化组织（ISO）轮胎型号，由六部分组成：轮胎断面宽度（mm）、高宽比（%）、轮胎结构、轮辋直径（in）、载荷指数、速度代码。前四项为结构尺寸，后两项为使用条件。轮胎断面尺寸如图 1-169 所示。

轮胎型号举例如图 1-170 所示，195/60 R 14 86 H：轮胎断面宽度 195mm，高宽比 60%，子午线轮胎，轮辋直径 14in（1in=0.0254m），单只轮胎最大载荷 530kg，允许最高车

速210km/h。

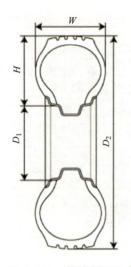

图 1-169 轮胎断面尺寸

H—高度　W—宽度　D_1—轮辋直径
D_2—轮胎外径

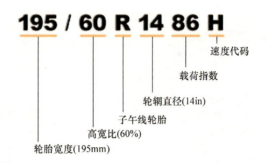

图 1-170 轮胎型号举例

轮胎断面高度与宽度之比的百分率称为高宽比，如图 1-171 所示，高宽比 = H（高度）/ W（宽度）×100%。高宽比大的轮胎具有较好的乘坐舒适性，但转弯性能稍差，适用于家庭用车。高宽比小的轮胎具有较差的乘坐舒适性，但转弯性能好，适用于运动型车。

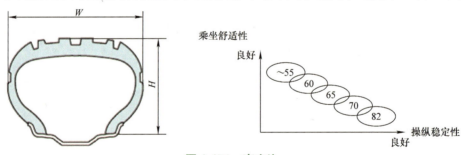

图 1-171 高宽比

W—宽度　H—高度

6）磨损标记。胎冠花纹中的小凸起是轮胎磨损标记点，如图 1-172 所示。磨损极限为 1.6mm，如果轮胎已经磨损到该点，则必须更换轮胎，否则轮胎附着（抓地）能力和防滑性能将严重下降。

图 1-172 磨损标记

四、转向系统

（一）功用与分类

1）功用。汽车转向系统是用来改变汽车行驶方向的专设机构的总称，转向系统的功能就是按照驾驶人的意愿控制汽车的行驶方向。

2）分类。转向系统的类型包括机械转向系统、助力转向系统。后者又包括液压助力转向系统、电子液压助力转向系统、电动助力转向系统。

（二）机械转向系统

机械转向系统主要由转向盘、转向柱、转向器、转向拉杆、转向节球头等组成。

1）转向盘。转向盘一般采用高强度材料制成，呈圆形，但近些年有变化，如图 1-173 所示。转向盘的外圈与中心毂之间有辐条相连，中心毂固定在转向柱顶端，安全气囊也安装在转向盘上。

2）转向柱。转向柱用来传递驾驶人的转向意图，如图 1-174 所示。转向柱总成支承转向盘，有些车装有可溃缩式转向柱，当汽车发生碰撞的时候对驾驶人起到保护功用。

图 1-173　转向盘

图 1-174　转向柱

1—转向盘　2—转向柱

3）转向器。类型有齿轮齿条式、循环球式。齿轮齿条式转向器如图 1-175 所示，它将旋转运动转换为直线运动。齿轮齿条式转向器外形小巧、结构简单、便于布置，在轿车、轻型货车上得到广泛的应用。循环球式转向器的正传动效率很高，故操纵轻便，使用寿命长，在货车上得到广泛应用。

4）转向节球头。转向节球头侧端是转向横拉杆，上端用螺栓与转向臂相连，如图 1-176 所示，正常情况下，转向节球头应转动自如。

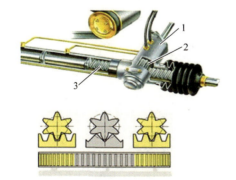

图 1-175　齿轮齿条式转向器

1—转向器外壳　2—齿轮　3—齿条

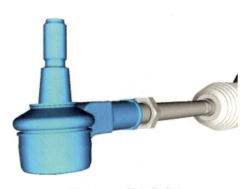

图 1-176　转向节球头

（三）液压助力转向系统

液压助力转向系统的功用是减轻驾驶人转动转向盘的力。

1. 液压助力转向系统

液压助力转向系统是在机械转向的基础之上增加了液压泵、液压管路和液压缸，如图1-177所示，由发动机的曲轴带动液压泵产生油压实现助力。

1）液压泵。液压泵俗称转向助力泵，如图1-178所示，由螺栓固定在发动机上，油泵低压管通往助力油储液罐，高压管通往转向器液压缸。

图1-177　液压助力转向系统

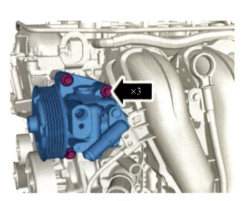

图1-178　液压泵

2）助力油储液罐。用来储存液压油，如图1-179所示，一根管路通往液压泵，提供液压油；另一根路通往液压缸，作为回油管。

2. 电子液压助力转向系统

电子液压助力转向系统就是在液压助力转向的基础上，取消了液压泵，改为电动泵，在一定程度上降低了发动机的负荷，从而降低了燃油消耗，实现良好的助力效果。电子液压转向系统也增加了一些电控元件，从而实现助力的自动化控制，如图1-180所示。但该系统仍然使用液压油，目前很少采用。

图1-179　助力油储液罐

图1-180　电子液压助力转向系统

（四）电动助力转向系统

电动助力转向系统利用直流电动机提供转向动力，辅助驾驶人进行转向操作，如图 1-181 所示。电动机将力矩施加到转向柱或转向器上。电动助力转向系统除了具备电子液压助力转向系统的优点外，由于没有管路的限制，节省了空间，布置位置也比较灵活，目前被广泛采用。

大众汽车装备的电动助力转向系统如图 1-182 所示。当转动转向盘时，控制单元接收到转向盘转角传感器和转向力矩传感器的信号，输出指令给电动机使其转动，此时转向柱和电动机两个小齿轮同时驱动齿条移动，实现转向助力作用。

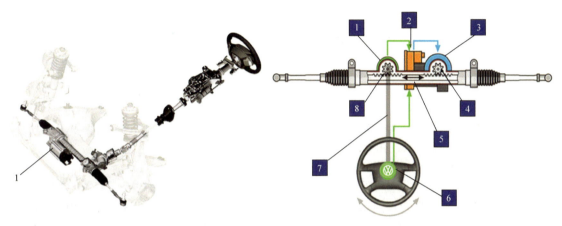

图 1-181 电动助力转向系统
1—集成控制单元、电动机及传感器

图 1-182 大众电动助力转向系统
1—转向力矩传感器 2—控制单元 3—电动机 4—电动机小齿轮 5—齿条 6—转向盘转角传感器 7—转向柱 8—转向柱小齿轮

五、制动系统

（一）功用与分类

制动系统的功用：汽车行驶中减速或停车，车辆停下后可靠地停放以及在坡道上停放。

制动系统按功用分为行车制动器、驻车制动器。乘用车的行车制动器采用液压制动系统和真空助力器。

（二）行车制动器

行车制动器主要由制动器、制动踏板、制动液罐、制动液、制动主缸、制动轮缸、制动液管路、真空助力器等组成。

1. 盘式制动器

旋转元件是制动盘，固定元件是制动钳，盘式制动器具有散热快、重量轻、构造简单、调整方便，制动稳定性高等优点。另外一种制动器是鼓式制动器，目前乘用车很少采用。盘式制动器主要由制动钳、制动片、制动盘等组成，如图 1-183 所示。

1）制动钳。目前乘用车采用浮式制动钳，只在一侧有活塞，活塞在液压作用下伸出，将制动片压向制动盘。同时制动钳向活塞伸出相反的方向运动，将另一侧制动片压向制动盘，在两个制动片的夹持下使制动盘停止转动，如图 1-184 所示。制动钳为钢制和铝制。

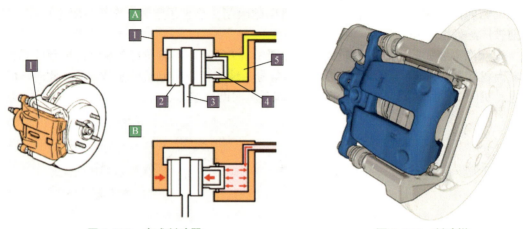

图 1-183　盘式制动器　　　　　　　　　图 1-184　制动钳
A—非制动状态　B—制动状态
1—制动钳　2—制动片　3—制动盘　4—轮缸活塞　5—制动液

2）制动片。制动片是推压制动盘的零件，由钢衬片和摩擦片构成，如图 1-185 所示。消声垫片位于钢衬片和轮缸活塞之间，作用是防止制动时由于制动片振动而发出噪声。

3）制动盘。有实心和空心两种制动盘，如图 1-186 所示。实心盘是一只与车轮一起旋转的金属盘，金属盘为实心；空心盘的金属盘为空心，可以通风散热。

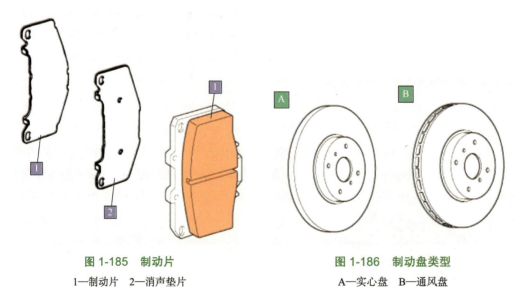

图 1-185　制动片　　　　　　　　　　图 1-186　制动盘类型
1—制动片　2—消声垫片　　　　　　　A—实心盘　B—通风盘

2. 液压制动系统

液压制动系统主要由制动踏板、制动液罐、制动液、制动主缸、制动轮缸、制动液管路、真空助力器等组成。

1）制动液。压力会通过制动液直接传递至轮缸中，从而产生制动时的轮缸压力。对制动液的要求：黏温性好、凝固点低、低温流动性好、沸点高、高温下不产生气阻、使用过程中品质变化小、不引起金属件和橡胶件的腐蚀和变质。

国标（GB）将制动液分为HZY3、HZY4、HZY5三级，分别对应国际上的DOT3、DOT4、DOT5级。制动液级别越高，安全保障性越好，一般中低档汽车使用HZY3级制动液，中高档车使用HZY4级制动液。制动液包装如图1-187所示。

2) 制动主缸、制动轮缸。制动主缸、轮缸均由泵体、活塞、密封圈、弹簧等组成。当踩下制动踏板，如图1-188所示，制动主缸内产生液压。对于盘式制动器，轮缸活塞向外伸出，迫使两个制动片夹紧制动盘，由于制动片与制动盘产生摩擦，使车轮停止转动。对于鼓式制动器，轮缸活塞向外伸出，迫使两个制动蹄向外扩张，由于制动蹄片与制动鼓产生摩擦，使车轮停止转动。目前制动主缸采用双管路设计，有两个活塞，每个活塞产生的液压送往一条管路，如若一条管路突然泄漏，仍然有两个车轮保持有制动力。

图1-187 制动液包装

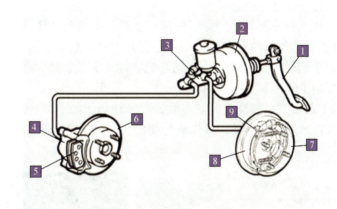

图1-188 制动主缸与轮缸

1—制动踏板　2—真空助力器　3—制动主缸　4、9—制动轮缸
5—制动片　6—制动盘　7—制动鼓　8—制动蹄

3) 制动液管路。制动液管路承载着制动液压力的波动，制动主缸与制动轮缸之间由管路连接，制动管路的布置形式有对角分布和前后分布。

① 对角分布，对角线上的两个轮缸是同一回路，如图1-189所示，通常用于前轮驱动的汽车。

② 前后分布，两个前轮制动轮缸和两个后轮制动轮缸分属两个回路，如图1-190所示，通常用于后轮驱动的汽车。

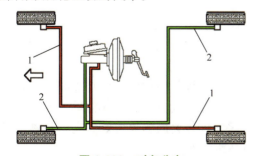

图1-189 对角分布

1—通往右前轮缸和左后轮缸　2—通往左前轮缸和右后轮缸

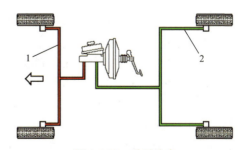

图1-190 前后分布

1—通往两个前轮缸　2—通往两个后轮缸

4）真空助力器。真空助力器安装在制动主缸后方,如图 1-191 所示。作用是减轻驾驶人踩下制动踏板时所用的力。助力器膜片两侧分别是空气和真空,压力差的作用促使膜片移动,膜片通过推杆推动主缸活塞,起到助力功用。真空源取自发动机运转后进气歧管内的真空,或采用单独的真空泵提供真空源。

图 1-191　真空助力器

（三）驻车制动器

驻车制动器俗称手制动器,功用是车辆停放时对后轮进行机械制动。按结构分为机械式驻车制动器、电子式驻车制动器。

1. 机械式驻车制动器

机械式驻车制动器的操纵杆类型主要有手柄型、踏板型。

1）手柄型。拉动安装在中控台后方的驻车制动手柄,如图 1-192 所示,可进行制动或释放。手柄带动拉索使后轮制动器的制动片夹紧,或者使制动蹄张开,对后轮制动。手柄型主要用于轿车和商用车辆。

2）踏板型。驾驶人脚下左侧是驻车踏板,如图 1-193 所示,踩下踏板将车轮制动,拉起释放杆解除车轮制动,操作更加便捷,常用于某些轿车和高级车辆。

图 1-192　手柄型

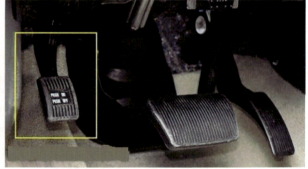

图 1-193　踏板型

2. 电子式驻车制动器

功用是替代传统的驻车制动器,优点是舒适、方便、节约车内空间、具有自诊断功能、简化装配过程、安全性高。主要由 ABS 控制单元、电子驻车制动控制单元、制动执行元件、离合器位置传感器、驻车制动开关、Auto Hold 开关等组成。

操作方法：如图 1-194 所示,按下驻车制动开关,该开关内的警告灯点亮,仪表板上驻车制动警告灯点亮,驻车制动被激活。再次按下驻车制动开关,驻车制动释放,车辆起步时驻车制动也可自动释放。按下 Auto Hold 开关,该开关内的警告灯点亮,车辆在每次停稳后驻车制动自动激活,车辆起步时驻车制动自动释放。

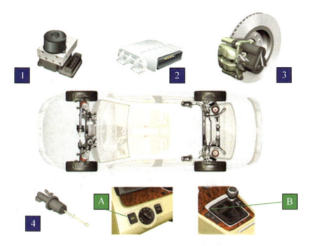

图 1-194　电子式驻车制动器

A—驻车制动开关　B—Auto Hold 开关
1—ABS 控制单元　2—电子驻车制动控制单元　3—制动执行元件　4—离合器位置传感器

第 4 节　电气设备

一、基本电气设备

（一）电源系统

电气设备的能量来源于蓄电池和发电机，两者协调共同工作。当发动机停止运转时，蓄电池作为电源使用；当发动机运转时，发电机为整个电气设备提供电源，并为蓄电池充电。

1. 蓄电池

1）功用与分类。蓄电池的功用是起动时提供大电流，发电机输出电压低于蓄电池电压时为电气设备供电，发电机输出电压高于蓄电池电压时吸收过电压，保护电子元器件。蓄电池分为铅酸蓄电池、免维护蓄电池、AGM 蓄电池等。

2）铅酸蓄电池。即普通蓄电池，最明显的特征是其顶部有 6 个可打开的密封盖，如图 1-195 所示，上面还有通气孔，这些密封盖用来加注电解液和排放气体，目前乘用车已不采用这种蓄电池。

3）免维护蓄电池。免维护蓄电池顶部没有

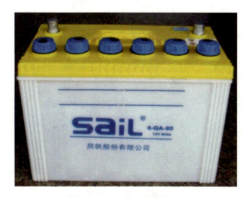

图 1-195　铅酸蓄电池

加液盖，与铅酸蓄电池相比电解液的消耗量非常小，在使用过程中无需加蒸馏水，如图 1-196 所示。蓄电池由外壳、极板组、液体密度计、正极桩、负极桩、通气装置等组成。正极桩直径大于负极桩。密度计俗称电眼，通过观察孔内的颜色可判断蓄电池技术状态：若是绿色，表明电量充足，可以继续使用；若是深绿色或黑色，表明电解液密度偏低，应补充充电；若无色，表明蓄电池已经无法正常工作，应该更换。

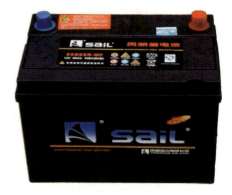

图 1-196　免维护蓄电池

4）AGM 蓄电池。AMG 蓄电池大部分装在带有起停系统的汽车上，能提供更大的电量，满足汽车更多电气设备的使用，循环充电能力比铅酸蓄电池高 3 倍、具有更长的使用寿命、更高的电容量稳定性，低温起动更加可靠。AGM 蓄电池使用密度高的硫酸水溶液作为电解液，如图 1-197 所示，图 1-197a 所示为隔板采用的超细玻璃棉材料。

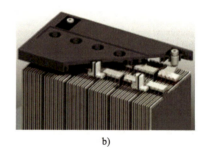

a)　　　　　　　　　b)

图 1-197　AGM 蓄电池

2. 发电机

1）功用与工作过程。发电机的功用是将发动机的机械能转换为电能。发电机工作过程包括发电指整流、调节电压；发电指发电机旋转后产生交流电流；整流指整流器将交流电变为直流电；调节电压指保持输出电压稳定。

2）发电机结构。如图 1-198 所示，发电机主要由带轮、定子、转子、整流器、电压调节器、B 端子等组成。发电机由曲轴驱动，如图 1-199 所示。

图 1-198　发电机结构

1—带轮　2—前端盖　3—定子　4—转子　5—后端盖　6—整流器与电压调节器　7—罩盖

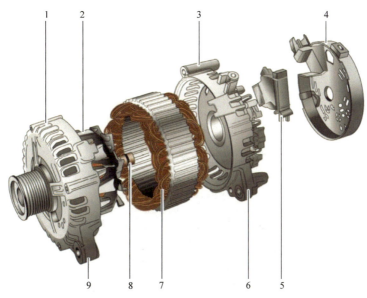

图 1-199　发电机结构

1—前端盖　2—转子　3—后端盖　4—罩盖　5—电刷　6、9—挂脚　7—定子　8—集电环

3）充电警告灯。当充电系统因某种故障原因不能发电时,充电警告灯点亮报警,如图 1-200 所示。

（二）起动系统

1. 功用与组成

起动系统的功用是将蓄电池的电能转换为机械能,产生电磁转矩,带动曲轴达到必需的起动转速,发动机进入运转状态后,起动系统结束任务立即停止工作。起动系统主要由起动机、起动机继电器、线路、点火开关等组成,目前乘用车起动系统受相关 ECU 控制。

2. 起动机形式

起动机安装在发动机缸体的一侧,利用电磁开关通过拨叉驱动小齿轮与发动机飞轮的齿圈啮合。起动机形式有:

图 1-200　充电警告灯

1）普通型。是一种电枢和小齿轮按同方向旋转的起动机,目前乘用车已不采用。

2）惰轮减速型。在电枢轴和小齿轮之间采用惰轮减速,可通过提高电枢转速而增加功率,从而做到起动机小型化。

3）行星齿轮减速型。利用行星齿轮减速机构来降低小齿轮转速,它比惰轮减速型起动机结构紧凑而且重量轻。

3. 起动机结构

行星齿轮减速型起动机结构如图 1-201 所示,主要由磁极、电枢、电刷、行星齿轮减速器、单向离合器、小齿轮、电磁开关等组成。当发动机起动后,发动机转速超过起动机转速时,单向离合器起作用,齿圈不会将转矩传给小齿轮,这样可防止高速转动而损坏起动机机械结构。

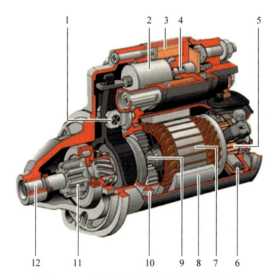

图 1-201　行星齿轮减速型起动机结构

1—拨叉　2—活动铁心　3—电磁开关线圈　4—复位弹簧　5—换向器　6—电刷　7—电枢　8—磁极
9—行星齿轮　10—齿圈　11—带有单向离合器的小齿轮　12—轴承衬套

4. 增强式起动机

起停系统使用的起动机相比非起停系统使用的起动机使用次数从3.5万次提高到20万次,所采用的结构和材料也发生较大变化。其中驱动齿轮的支撑由钢套改为滚针轴承;增加电刷的个数、加大电刷的尺寸,强化拨叉、齿轮强度,采用高寿命材质的转动铁心,起动时可以产生600A左右的电流。增强式起动机如图1-202所示。

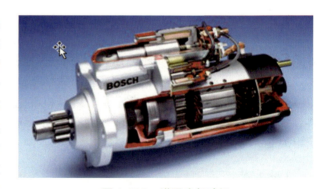

图 1-202　增强式起动机

(三) 照明与信号系统

1. 功用与分类

1) 功用。照明与信号系统的功用是提供汽车外部照明、内部照明,为其他车辆与行人提供信号信息,是汽车行驶的安全保证。

2) 分类。照明与信号系统分为外部灯光、内部灯光。外部灯光主要有前照灯、日间行车灯、小灯、尾灯、停车灯、转向信号灯、危险警告灯、前雾灯、后雾灯、制动灯、倒车灯、牌照灯等。内部灯光主要有仪表照明灯、顶灯、阅读灯、门灯、踏步灯、杂物箱照明灯、梳妆镜灯、行李舱灯等。

3）灯泡。前照灯光源由白炽灯泡、卤钨灯泡，发展到高压气体放电氙气灯（HID），和发光二极管（LED），目前新生产的乘用车大多采用后两种，HID灯泡如图 1-203 所示。其他照明灯使用的白炽灯泡，目前大量被 LED 取代。

图 1-203　HID 灯泡

2. 外部灯光

1）前照灯。俗称大灯或头灯，如图 1-204 所示，夜间行驶时前照灯向前方照射的光束可确保驾驶人的视野。前照灯分为远光灯和近光灯，远光灯使驾驶人能看清楚车前 150m 的路段与物体。前照灯应具有防止眩目的装置，以免夜间会车时，使对方驾驶人眩目而造成交通事故。高档车辆的前照灯配有刮水器和清洁装置，当前照灯的镜面有脏污时，可进行清洗。

2）日间行车灯。装有这种灯的车辆在白天行驶时也可以让别人识别出来，它不是照明灯，而是信号灯，采用 LED，如图 1-205 所示。这种灯具使汽车看起来更酷、更炫，但其最大功效是提供车辆的被辨识性。

图 1-204　前照灯

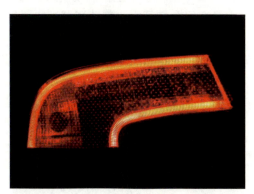

图 1-205　日间行车灯

3）小灯、尾灯。小灯又称前示宽灯、前停车灯，装在汽车前面两侧边缘的角上，以标示汽车轮廓，用途是在夜间行车或停车时告知其他车辆，灯光为白色。尾灯如图 1-206 所示，又称作后示宽灯、后停车灯，装在汽车后面两侧边缘的角上，以标示汽车轮廓，用途是在夜间行车或停车时告知其他车辆，灯光为红色。当车辆停放时，点亮道路一侧的小灯和尾灯，以提示本车在停放，对车辆起到保护作用。

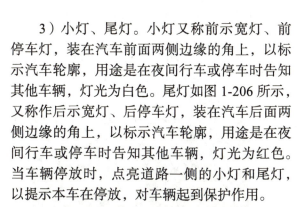

图 1-206　尾灯

4）转向信号灯。又称作方向指示灯，安装在汽车的前后左右四角和车身两侧倒车镜下方，共六只，作用是在汽车转弯时，一侧的三只转向信号灯闪烁，告知其他车辆和行人，灯光为红色。转向信号灯采用拨杆式开关，如图 1-207 所示，转弯完成后可手动拨回，或转向盘回正时自动回位。

5）危险警告灯。又称紧急呼救灯，告知附近的其他车辆本车已准备紧急停车或者在停车后寻求援助，它由转向信号灯兼用，并且六只灯同时闪烁。危险警告灯开关如图 1-208 所示。

图 1-207　转向信号灯拨杆

图 1-208　危险警告灯开关

6）前、后雾灯。在雨、雾天气能见度较低时，前雾灯用来照明，后雾灯用来提示后方车辆。雾灯光线在雾天穿透性强，可以获得更大的照明范围。前雾灯装有两只，灯光颜色为黄色，如图 1-209 所示。后雾灯装有两只或一只，灯光颜色为红色，如图 1-210 所示。装有一只后雾灯的车辆，后雾灯装在左侧。

7）制动灯。又称作制动信号灯。俗称刹车灯。在汽车后部两侧都装有制动灯，还装有高位制动灯，灯光颜色为红色，用

图 1-209　前雾灯

来告知后方车辆本车正在制动。LED 制动灯如图 1-211 所示。通常情况下，制动灯与尾灯同在一个组合灯具内，制动灯灯光比尾灯灯光亮。

8）倒车灯。汽车后部装有两只或一只，灯光为白色，作用是向其他车辆和行人发出倒车警告，在夜间倒车还可提供车辆后方照明。装有一只倒车灯的车辆装在右侧。

9）牌照灯。装在汽车后部牌照上方，作用是夜间使牌照清晰可见。

图 1-210　后雾灯

图 1-211　制动灯

3. 内部灯光

内部灯光的功用是为车内乘客提供各个位置的照明。

1）仪表照明灯。安装在仪表板和中央延长仪表板内，以照亮仪表板，灯光颜色为白色。

2）顶灯。安装在顶篷中央或车内倒车镜上方，是驾驶室的照明灯具，灯光颜色为白色。此灯开关通常有三种位置："ON"常亮、"OFF"常灭、"DOOR"当车门打开时点亮。

3）阅读灯。安装在乘客前部或顶部，是一个光束，照明范围较小，光轴方向可调节，乘客看书时不会给驾驶人带来眩目影响。

4）门灯。安装在轿车外张式车门内侧底部，也称脚窝灯，开启车门时，门灯发亮，以告示后来行人注意避让车辆，灯光颜色为红色。

5）踏步灯。安装在汽车左右两侧踏板上，作用是照亮踏板方便乘客上下车，灯光颜色为白色。

6）行李舱灯。打开轿车行李舱盖时，该灯自动点亮，方便放置和拿取行李，灯光颜色为白色。

（四）仪表系统

1. 功用与组成

1）功用。为驾驶人提供汽车在使用过程中的各种信息，便于了解各系统的工作情况和车辆行驶状况，保证汽车可靠和安全地行驶。

2）组成。仪表系统包括仪表控制单元、传感器、线路等。显示部分包括仪表和故障灯/指示灯。仪表主要有转速表、车速表、冷却液温度表、燃油表等，一般采用指针式仪表，通过指针摆动来指示不断变化的信息，一些车辆采用液晶显示屏。仪表板内的控制单元接收各传感器和其他控制单元发来的信号，经计算处理再由仪表或警告灯/指示灯显示。

2. 仪表

1）车速表和转速表。如图 1-212 所示，车速表显示车辆的行驶速度，便于驾驶人控制车辆速度，单位为 km/h。转速表用来显示发动机的转速，可以根据转速表掌握合适的换档时机，单位为 r/min，指针不允许到达红色区域。

2）冷却液温度表。冷却液温度表指示冷却液的工作温度是否正常，同时设有冷却液温度警告灯，如图 1-213 所示。当冷却液罐的液面过低或冷却液温度过高时，冷却液温度警告灯会点亮报警。

图 1-212　车速表和转速表

图 1-213　冷却液温度表

3）燃油表。燃油表显示汽车在行驶过程中燃油量的变化、汽油箱内现有燃油与满箱燃油的占比，同时设有油位警告灯，如图 1-214 所示。当燃油量减少到警戒位置时，油位警告灯会点亮警示。

图 1-214　燃油表

3. 警告灯 / 指示灯

1）功用。随着车辆的电气设备不断增加，车辆仪表上显示的信息也越来越多，为使驾驶人简单明了地获得信息，大量采用故障灯 / 指示灯，目前新型乘用车装有液晶显示屏，这些灯实际上是液晶屏上的显示标识。

2）分类。标识颜色有红色、黄色、绿色、蓝色四种。红色标识代表严重警告（1 级警告），如果发现红色标识点亮，车辆不可行驶，必须停车立即检查。黄色标识代表提示警告（2 级警告），如果发现黄色标识点亮，可以继续行驶，但需要到维修厂检查。绿色标识、蓝色标识是指示标识，例如转向指示灯是绿色，远光指示灯是蓝色，点亮代表该系统正常工作。标识所处位置举例如图 1-215 所示。

3）常见标识的名称及作用见表 1-3。

图 1-215　标识

1—远光灯指示灯和转向指示灯　2、4—警告灯 / 指示灯
3—起动模式

表 1-3　常见标识的名称及作用

标识	名称	作用
	机油压力警告灯	机油压力低，应立即停车
	驻车制动警告灯	驻车制动器启用时点亮，释放时熄灭
	安全气囊系统（SRS）警告灯	安全带扣、SRS 存在故障
	安全带警告灯	驾驶人未系安全带行车时点亮
	发电机故障警告灯	表示发电机不充电
	制动系统故障警告灯	表示制动系统存在机械故障，如制动液位低于极限、前制动片厚度低于极限

（续）

标识	名称	作用
	发动机故障警告灯	黄色：排放系统故障，可以继续驾驶 红色：发动机系统故障，应立即停车
	ABS故障警告灯	ABS存在故障，一般与制动系统故障灯同时点亮，此时，常规制动功能仍然工作，但没有ABS功能
	后雾灯指示灯	表示后雾灯打开。注意：后雾灯必须与前照灯和前雾灯一起打开
	远光灯指示灯	表示远光灯已经打开
	左转向指示灯	打开左转向灯开关，即闪烁
	右转向指示灯	打开右转向灯开关，即闪烁
	燃油加注盖板警告灯	燃油加注盖板位置警告
	雨量传感器指示灯	表示雨量传感器启用

二、辅助电气设备

（一）风窗清洁系统

1. 功用与分类

（1）功用

风窗玻璃上有雨水、灰尘、污垢时，应进行清洗以确保风窗玻璃的清洁度，增强驾驶人的视野。风窗清洁系统功用有两个：刮水器功用、喷水功用。

具体功能有：①速度，具有低速档和高速档；②间歇，以低速档间歇摆动刮水器臂，有些车型的间歇时间分为几个档或连续可调；③除雾，打开开关一次，刮水器摆动一次；④自动停止，在运转中不管刮水器臂处于哪个位置，关闭刮水器开关，刮水器臂摆动到风窗最下方位置而停止；⑤喷水，喷水嘴如图1-216所示，喷水器开关与刮水器开关集成在一起，操作喷水器的同时刮水器臂摆动。

（2）分类

1）前风窗刮水器如图1-217所示，可刮除前风窗玻璃上的雨水、雪、灰尘等，避免驾驶人的视线被遮挡。前刮水器开关具有间歇、空档、低速、高速等几个档位。

图 1-216　喷水嘴

图 1-217　前风窗刮水器

2）后风窗刮水器。前风窗刮水器是标配，后风窗刮水器则安装在 SUV、MPV、旅行车、跨界车等上。如图 1-218 所示，后风窗刮水器安装在后风窗玻璃的上方或者下方，用于驱动后风窗刮水器片。后刮水器一般只有低速档位。

3）自动刮水器可以根据雨量的大小自动调整刮水器片的刮水频率。自动刮水功能需要将刮水器开关调至 AUTO 档，如图 1-219 所示。

图 1-218　后风窗刮水器

图 1-219　刮水器 AUTO 档

2. 风窗清洗系统主要部件

由机械机构和电气部件组成，主要包括刮水器开关、雨量传感器、刮水器电动机与传动机构、刮水器臂、刮水器片、清洗液罐、喷水泵、喷水嘴、刮水器控制单元等。

1）刮水器开关。刮水器开关是转向盘右侧的一个拨杆开关，它与转向盘控制单元集成在一起，如图 1-220 所示。扳动刮水器开关，可以激活风窗刮水器与喷水功能、前照灯刮水器与喷水功能。目前乘用车一般将

图 1-220　刮水器开关

刮水器开关信号送入转向盘控制单元，再由该单元送入数据总线，车身控制单元接收后以 LIN 信号送往刮水器控制单元。

2）雨量传感器。刮水器开关设置在 AUTO 档位，当雨量传感器检测到风窗玻璃的外侧有水滴时，刮水器自动工作。雨量传感器单元安装在车内后视镜的底座上，底座则粘贴

在玻璃上，如图1-221所示。

3）刮水器电动机与传动机构。刮水器电动机与传动机构集成在一起，安装在风窗玻璃下方的防火墙处，如图1-222所示，刮水器电动机转动后，传动机构将旋转运动转换为刮水器片的反复摆动。

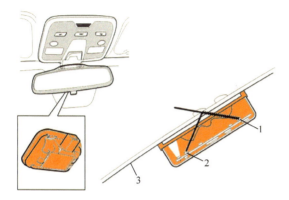

图1-221　雨量传感器

1—发光二极管　2—光电二极管　3—风窗玻璃

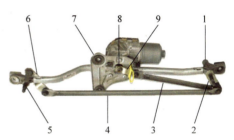

图1-222　刮水器电动机与传动机构

1—右枢轴　2—右曲柄　3—右连杆　4—左连杆
5—左枢轴　6—左曲柄　7—安装支座
8—驱动轴　9—驱动曲柄

4）刮水器片。刮水器臂给刮水器片施加一个恒定不变的力使其压紧在玻璃表面，刮水器片刮去玻璃上的水。刮水器片主要有普通刮水器片、无骨刮水器片，前者多配备老旧车型，后者配备中高端新车型。如图1-223所示，无骨刮水器片采用优质的橡胶材料，刮水效果好，具有静音、防晒、防腐蚀、使用寿命长等特点。

5）喷水泵。喷水泵安装在清洗液罐的外部下方，如图1-224所示，由电动机和水泵组成，转动后送出压力清洗液，通过喷水嘴喷向风窗玻璃，当喷水嘴被灰尘堵塞后，可以用大头针疏通以及调整喷水到风窗玻璃的位置。

图1-223　无骨刮水器片

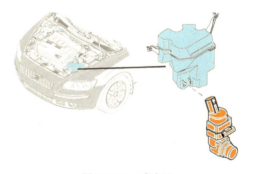

图1-224　喷水泵

6）清洗液。亦称玻璃清洗剂、玻璃水，可除去风窗玻璃上的污垢，当玻璃表面干燥时，清洗液可保护刮水器片不被损坏和风窗玻璃表面不被划伤。清洗液在冬季具有防冻作用，冬季应加注冰点低于使用地区最低气温的清洗液。如图1-225所示，该清洗液冰点低于$-40℃$。

（二）中控锁

1. 中控锁功用

1）中央控制。可通过驾驶人门锁开关同时打开各个车门，也可以单独打开驾驶人车门；当驾驶人车门锁住时，其他三个车门也同时锁住。

2）速度控制。当行车达到一定速度时，各个车门能自行锁定，防止乘员误操作车内门把手而导致车门打开。

3）单独控制。驾驶人车门以外的三个车门内饰板上设有单独的开关，可以从车内独立地将一个车门打开和锁住。

图 1-225 清洗液

2. 中控锁主要部件

中控锁系统主要由门锁机构、门控开关、控制单元、遥控器、接收器天线等部件组成。

1）前门锁。安装在左前车门和右前车门处，如图 1-226 所示，内置执行电动机与位置传感器。

2）门控开关。如图 1-227 所示，左前门控开关安装在左前门内饰板上，与全车玻璃升降开关为一体，可发出开锁闭锁指令。右前门控开关安装在右前门内饰板上，与右前车门玻璃升降开关为一体。

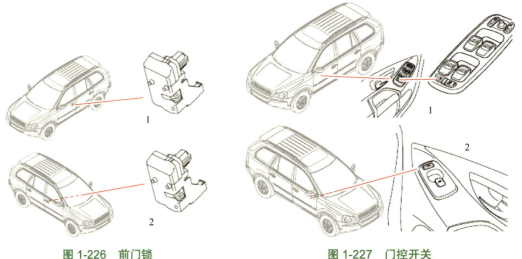

图 1-226 前门锁　　　　　　　　　　　图 1-227 门控开关
1—左前门锁　2—右前门锁　　　　　1—左前门控开关　2—右前门控开关

3）中控锁电子单元。用来控制并监测中控锁系统及其功能，没有来自该单元的指令，任何车门锁都不能打开或关闭，如图 1-228 所示，某车型安装在乘客侧杂物箱上方。

4）遥控器。如图 1-229 所示，带有一把插在遥控器内的钥匙，在紧急情况下用于打开驾驶人车门锁。遥控器的功能是开闭门锁、起动警报、打开尾门或行李舱锁，遥控器上设有照明。

5）接收器。大约每秒钟检查 6 次来自遥控器的信号，有些车辆具有应答功能，当收到遥控器信号时，车辆的转向信号灯同时闪烁以表示应答。

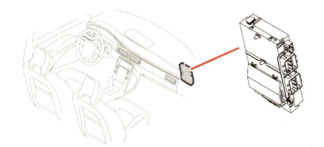

图 1-228　中控锁电子单元

图 1-229　遥控器

（三）防盗系统

1. 防盗系统功用

防盗系统是在已装有中控锁的前提下加装的防盗设施，功用是：

1）防盗警戒功能。防盗系统起动警戒后，LED 灯开始闪烁。

2）防盗触发功能。如果防盗系统处于警戒状态，而防盗器电子单元接收到一个来自传感器的信号（触发防盗功能的信号），就会开始一个报警周期。

3）防盗解除功能。如果车辆是使用遥控钥匙或使用免钥匙系统开锁的，防盗系统就会关闭，即解锁。

2. 防盗系统主要部件

车辆防盗系统主要由中控锁机构、信号开关、警报装置、防盗器电子单元组成。

1）信号开关。用于触发防盗系统，如图 1-230 所示，包括四个车门位置开关、发动机舱盖位置开关、行李舱盖或尾门位置开关。

图 1-230　信号开关

2）LED 警告灯。安装在仪表板上方，如图 1-231 所示。LED 警告灯受控于防盗器电子单元，用于表示状态，用遥控器设置警戒后 LED 将会闪烁。早期的防盗系统，当车辆受到振动或外力触碰，警报器就会鸣叫。目前新生产轿车采用了其他方法，例如用手机监听车内声音以及用卫星定

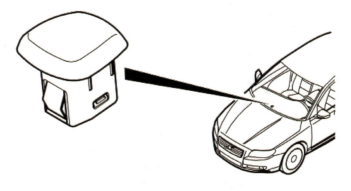

图 1-231　LED 警告灯

位车辆位置。

3）防盗器电子单元。该控制单元安装在乘客侧杂物箱上方，与中控锁控制单元集成在一起，如图1-232所示。

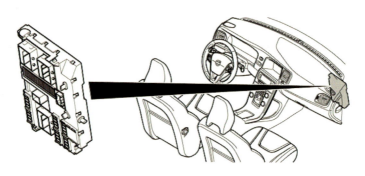

图1-232　防盗器电子单元

（四）电动窗

1. 电动窗功用

通过操作电动窗开关，可以使车窗玻璃停在某一位置或实现自动升降等功能，为乘客提供便捷。

2. 电动窗主要部件

主要由电动窗机械结构、电动窗开关、电动窗儿童保护开关、电动窗电动机、电动窗电动机位置传感器、电动窗电子单元等组成。

1）电动窗机械结构。主要由玻璃固定器、升降装置等组成，如图1-233所示。玻璃固定器由螺钉固定在车门内板上，升降装置由螺栓固定在固定器上，升降装置的关键零件是滑块，滑块连接玻璃，同时在滑道上滑动。

2）电动窗开关。如图1-234所示，部分车辆电动窗开关与控制单元集成为一体，安装在车门内饰板上。

图1-233　电动窗机械结构

图1-234　电动窗开关

3）儿童保护开关。儿童保护开关是防止儿童在监护人未允许的情况下，操纵车门玻璃的升降。儿童保护开关与电动窗开关集成为一体，按下保护开关，除驾驶人侧车门玻璃可以执行升降操作,其余车门玻璃均不可进行升降操作。

4)电动窗电动机。是车门玻璃升降的动力装置,装有永磁式直流电动机,可以通过改变电流的方向而改变电动机的旋转方向。如图 1-235 所示,电动窗电动机安装在车门内板上,电动机位置传感器与电动机集成为一体,电动窗电子单元也安装在车门内板上。

图 1-235　电动窗电动机

(五)电动天窗

1. 电动天窗功用

通过操作天窗开关,其传动机构可将天窗玻璃调节在不同的打开位置,如倾斜、启闭或停止在某一位置等,改善了车内的乘车环境,增强了驾驶乐趣。

2. 电动天窗主要部件

电动天窗主要由天窗机械结构、天窗、天窗开关、天窗电子单元、天窗电动机、天窗位置传感器等部件组成。

1)天窗机械结构。天窗电动机驱动两条螺旋钢丝轴,两个螺旋钢丝轴驱动天窗左右滑块,滑块推动天窗在滑道中前后移动。天窗通风位置由单独的滑道推动天窗上下动作。全景天窗机械结构的主要部件如图 1-236 所示。

2)天窗。有普通天窗、全景天窗。全景天窗如图 1-237 所示,该天窗由两部分强化玻璃组成。

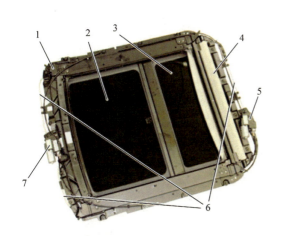

图 1-236　天窗机械结构

图 1-237　全景天窗

1—框架　2—开启式玻璃　3—固定式玻璃　4—卷轴遮帘
5—卷轴遮帘电动机　6—线束管道　7—开启玻璃电动机

3)天窗电子单元。如图 1-238 所示,天窗电子单元控制天窗电动机转动,具备防夹保护、校准、传动机构的运动等控制功能。

4）天窗电动机。如图 1-239 所示，天窗电动机通过螺栓固定在天窗附近。

（六）电动座椅

1. 电动座椅功能

电动座椅具备座椅整体前后移动调节、座椅整体上下升降调节、座椅椅垫前端上下调节、靠背倾斜角度调节等功能。

2. 电动座椅主要部件

电动座椅主要由电动座椅机械结构、座椅调整开关、座椅电子单元、座椅电动机、座椅电动机位置传感器、座椅等部件组成。

1）座椅调整开关。如图 1-240 所示，座椅调整开关与座椅电子单元集成为一体。

2）座椅电控单元。该单元安装在座椅下方，如图 1-241 所示，电子单元与座椅方向调节开关集成为一体。座椅电子单元功能有座椅操作、座椅位置记忆。

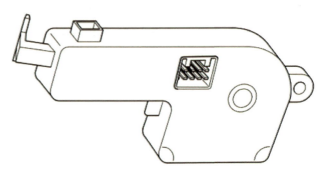

图 1-238　天窗电子单元

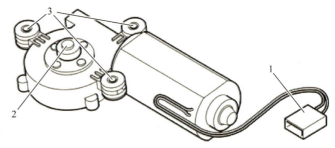

图 1-239　天窗电动机

1—线束插头　2—电动机的驱动齿轮　3—电动机固定位置

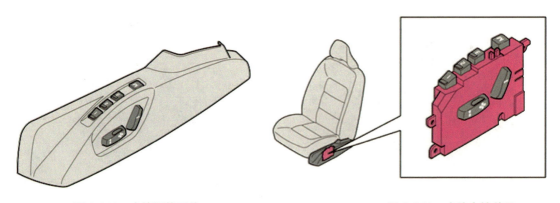

图 1-240　座椅调整开关　　　　图 1-241　座椅电控单元

3）座椅电动机。座椅电动机采用永磁式直流电动机，因为可调整 8 个自由度，所以装有 4 个电动机，每个电动机负责两个自由度，各电动机的位置传感器与电动机集成为一体，如图 1-242 所示。

（七）电动后视镜

1. 电动后视镜功能

电动后视镜功能包括后视镜位置调整、后视镜折合、后视镜加热。

2. 电动后视镜主要部件

电动后视镜主要由后视镜位置调整结构、后视镜调整开关、后视镜加热开关、驾驶人车门单元、乘客车门单元等部件组成。

1）后视镜位置调整结构。是指对镜面的调整，以便驾驶人观察路况，如图 1-243 所示。调整机构主要包括位置调整电动机、折合电动机、加热线路、镜片、后视镜罩壳等。

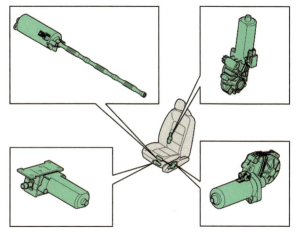

图 1-242 座椅调整电动机

2）位置调整电动机。位置调整电动机可在打开点火开关时进行操作，每个后视镜有两个用于 X 轴和 Y 轴的调整电动机，如图 1-244 所示。

图 1-243 电动后视镜

图 1-244 位置调整电动机

3）折合电动机。折合电动机实现了后视镜的折合功能，两个前车门单元分别对相应的后视镜折合电动机进行控制，如图 1-245 所示。

4）后视镜调整开关。如图 1-246 所示，该开关由 L 按钮、R 按钮和调整扳钮组成，利用该开关可进行位置调整和折合控制，L 和 R 按钮用于选择左侧或右侧后视镜。调整扳钮用于调整镜片位置，同时按住 L 和 R 按钮，起动折合功能。

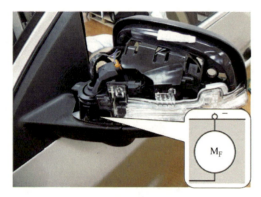

图 1-245 折合电动机

图 1-246 后视镜调整开关

（八）电动尾门

1. 电动尾门功能

由于尾门较重及打开后位置较高，电动尾门系统以电动方式开启和关闭尾门，给使用者带来便捷。

2. 电动尾门主要部件

电动尾门系统主要由尾门电子单元、尾门解锁开关、尾门电动机、尾门把手开关、尾门关闭开关、尾门关闭电动机等组成。

1）尾门电子单元。如图 1-247 所示，尾门电子单元位于尾门里侧、尾门内板上，该单元用于控制尾门的自动开闭功能。

2）尾门解锁开关。如图 1-248 所示，尾门解锁开关一般安装在仪表板上，与灯开关单元集成，用于尾门解锁。

图 1-247 尾门电子单元

图 1-248 尾门解锁开关

3）尾门电动机。如图 1-249 所示，左侧和右侧尾门开启/关闭电动机位于行李舱盖左侧或右侧的垂直沟槽内，用于在电动方式下开启和关闭尾门。

4）尾门把手开关。如图 1-250 所示，尾门把手开关也就是车身外部的尾门开启开关，位于尾门外侧把手中央,在尾门电子单元允许尾门打开的情况下(按压遥控器的尾门解锁按钮,或者按压仪表板上的尾门解锁开关),再按压尾门把手开关,尾门电动机运转,尾门被电动开启。

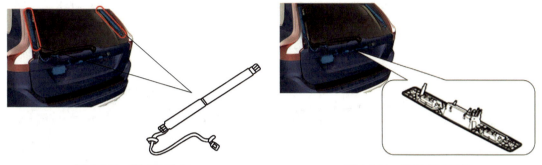

图 1-249　尾门电动机　　　　　　　　　图 1-250　尾门把手开关

5)尾门关闭开关。如图 1-251 所示,该开关位于尾门下缘上,只有在尾门打开状态下才能看到并且操作该开关,按压此开关,尾门电动机运转,尾门被电动关闭。

6)尾门关闭电动机。如图 1-252 所示,尾门关闭电动机位于尾门锁定装置旁边,当尾门关闭时,尾门关闭电动机将尾门拉入最后一段行程,并实现尾门锁止。

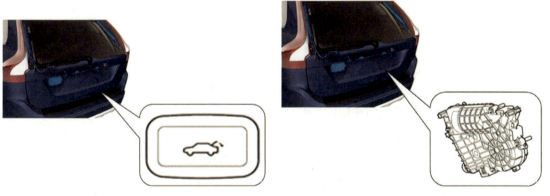

图 1-251　尾门关闭开关　　　　　　　　图 1-252　尾门关闭电动机

(九)胎压监测系统

1. 胎压监测系统功用

胎压监测系统在轮胎气压不正常时发出警告,让驾驶人及时获得轮胎压力的信息,对轮胎进行充气。胎压正常可以获得良好的燃料经济性、行驶平顺性,并防止轮胎爆裂。

胎压监测系统的两种形式:①间接式,通过四个车轮的转速差来判断胎压是否异常;②直接式,每个轮胎里面装有胎压传感器,在汽车静止或者行驶中对胎压和温度实时监测,并对轮胎的高压、低压、高温报警,避免因胎压不正常引发交通事故,确保行车安全。

2. 胎压监测系统主要部件

直接式胎压监测系统主要由胎压传感器、胎压信号接收器、胎压电子单元、仪表板胎压显示等组成。

1)胎压传感器。如图 1-253 所示,胎压传感器安装在轮辋内部,它与轮胎充气阀安装在一起。

2)胎压电子单元。轮胎压力警告功能是由胎压电子单元实现的,在各种车型上安装位置不一。

3)仪表板胎压显示。如图 1-254 所示,显示四个轮胎的压力和温度,如果轮胎压力过低,警告标识 会点亮。

图 1-253　胎压传感器

图 1-254　胎压显示

(十) 信息娱乐系统

1. 信息娱乐系统功用

信息娱乐系统可以为车内乘客提供各种娱乐和便捷的服务,如收音机、导航、音频播放等,该系统已成为汽车生活中的重要组成部分。

2. 信息娱乐系统主要部件

信息娱乐系统主要由控制单元、显示屏、音响 / 电视、导航系统、人机接口、音频视频播放系统组成。触摸显示屏如图 1-255 所示。

1)音响 / 电视。汽车音响主要包括主机、扬声器、功放三部分。目前使用的主机有 CD 主机、MP3 加 CD 碟盒、CD/DVD/ 车载 MP5 主机。车载电视如图 1-256 所示。

图 1-255　触摸显示屏

图 1-256　车载电视

2)车载电话。车载电话一般具有接打电话、收发短信、来电显示、上网、数字拨号、通信录、通话管理、设置日期和时间等功能，一些车载电话采用双频或多频，并带有蓝牙通信功能。

3）导航。车载导航系统可以给驾驶人提供准确的位置信息，便于驾驶人便捷地到达目的地。车上的导航系统组件需要专人安装，需要适时进行软件升级。

4）远程协助。能够提供道路拥堵警告，提供可选择的行车路线，便于驾驶人轻松快捷地到达目的地，如图 1-257 所示。

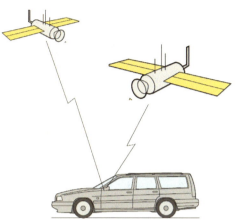

图 1-257　远程协助

（十一）泊车辅助系统

1. 功用

泊车辅助系统的功用是，驾驶人不用操纵转向盘，只需控制加速踏板和制动踏板，该系统全过程控制车辆倒入泊车位，过程分解如图 1-258 所示。倒车中驾驶人如需对车辆控制，转动方向盘，泊车辅助功能立即退出。

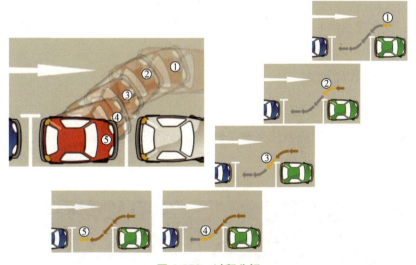

图 1-258　过程分解

2. 泊车过程

不允许关闭 ESP（在倒车过程中如驾驶人未及时踩制动踏板，该系统有辅助制动作用），驾驶人按下中控台上的泊车辅助按钮，如图 1-259 所示，系统激活。左置转向盘车辆默认停在道路右侧，如要将车辆停在道路左侧，驾驶人打开左转向信号灯，切换为停车在道路左侧。

平行泊车如图 1-260 所示，驾驶人控制车速在 30km/h 以下向前行驶，寻找目标泊车位，控制

图 1-259　泊车辅助按钮

单元通过安装在前后保险杠上的超声波传感器或摄像头,测量目标泊车位与周围已停泊车辆的距离,如果空间允许蜂鸣器发出声音告知驾驶人。驾驶人停车后,通过车内显示屏对系统生成的目标泊车位进行确认,挂入倒车档,控制加速踏板,系统自动转动转向盘倒入泊车位。倒库泊车如图1-261所示,车辆停到目标泊车位前方大约45°处,开始倒车。

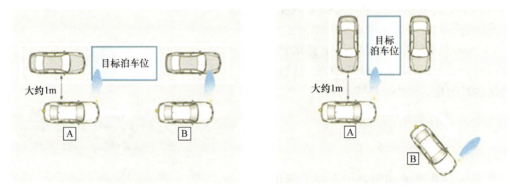

图1-260　平行泊车　　　　　　　图1-261　倒库泊车

在倒车过程中,如出现下列情况,泊车辅助功能将被关闭:倒车速度大于7km/h,挂入倒档后未在180s内完成泊车,驾驶人作用在转向盘上的力矩大于5N·m,倒车过程中移出倒车档,倒车过程中ESP功能被关闭,倒车过程中ESP介入,倒车过程中关闭泊车辅助按钮。

(十二)盲点监测系统

1. 功用

通过微波雷达,盲点监测系统探测车辆两个外后视镜盲区的车辆情况,如图1-262所示,驾驶人在改换车道时,提醒驾驶人注意盲区内同方向行驶的车辆,在多车道、大交通流量的道路上最能发挥作用。

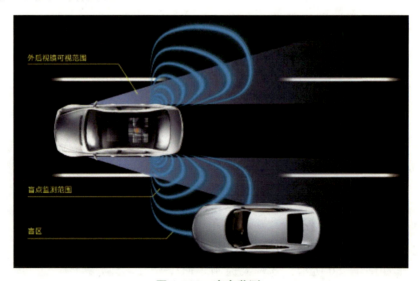

图1-262　盲点监测

2. 组成

盲点监测系统主要由主控单元、盲点监测按钮、摄像机单元、盲点监测指示灯等元件组成。

1）盲点监测按钮如图 1-263 所示，某车型的盲点监测按钮集成在中控台控制面板上，其信号由自动空调控制单元通过 CAN 总线传送。

2）摄像机单元如图 1-264 所示，摄像机单元与电动后视镜集成在一起，摄像机单元对拍摄的照片进行处理，同时通过 LIN 获取车速信号来识别是否超车或被超车。

图 1-263　盲点监测按钮　　　　　　图 1-264　摄像机单元

3）雷达控制单元如图 1-265 所示，两个雷达控制单元安装在后保险杠罩后方，当探测到物体时，雷达控制单元通过盲点监测指示灯提示驾驶人。

4）盲点监测指示灯如图 1-266 所示，盲点监测指示灯安装在前车门侧面面板上。它是 LED 灯，点亮时为橘黄色，若盲点内有汽车或被超车，则该指示灯将点亮或闪烁。

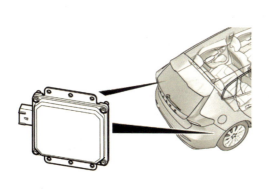

图 1-265　雷达控制单元　　　　　　图 1-266　盲点监测指示灯

三、汽车空调

（一）空调的功用与组成

1. 空调功用

空调系统将车内温度保持在宜人的范围内，调节车厢内空气的流速，除去空气中的水分，吸入新风并过滤空气中的灰尘和花粉，使驾驶人和乘客处于一个舒适的乘车环境中，如图1-267所示。

图1-267　舒适的乘车环境

空调系统功用：制冷、加热、通风、除湿、净化空气。

1）制冷。压缩机运转，制冷剂流入车厢内的蒸发器，鼓风机风扇送入的空气通过蒸发器被冷却，然后从出风口吹出。

2）加热。发动机冷却液流入车厢内的热交换器，鼓风机风扇送入的空气通过热交换器被加热，然后从出风口吹出。

3）通风。鼓风机工作后使得车内空气流通，可以吸入经过过滤的新鲜空气进行外循环，也可以让车厢内的空气内循环。

4）除湿。当空气通过蒸发器时，空气中的水汽冷凝成水从排水口流出，除湿功能使得车内空气变得干燥。

5）净化。一般利用空气过滤器、电气集尘器和阴离子发生器等进行净化。

2. 空调组成

汽车空调由四大系统组成：制冷系统、加热系统、通风系统、电气控制系统。

（二）制冷系统

制冷系统的主要部件有压缩机、冷凝器、储液干燥罐、膨胀阀、蒸发器，如图1-268所示。

1）压缩机。如图1-269所示，压缩机是制冷系统的动力源，它由曲轴带轮驱动运转，压缩机将蒸发器低压侧的低温低压气态制冷剂，压缩成高温高压气态，然后流入冷

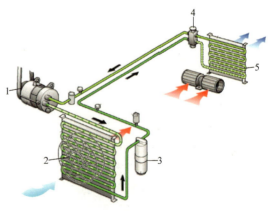

图1-268　制冷系统

1—压缩机　2—冷凝器　3—储液干燥罐
4—膨胀阀　5—蒸发器

凝器。

2）冷凝器。如图 1-270 所示，冷凝器位于散热器的前面，高温高压气态制冷剂进入冷凝器，经外部通风气流散热冷却后，冷凝为高温高压液态。

3）储液干燥罐。如图 1-271 所示，它位于冷凝器出口至膨胀阀之间，用于吸收制冷剂中的水分和过滤杂质，并作为制冷剂的储存容器。

4）膨胀阀。如图 1-272 所示，它安装在蒸发器的进口处，高温高压液态制冷剂经过膨胀阀后体积变大，其压力和温度急剧下降，变成低温低压雾状，在膨胀过程中同时进行节流控制，以便供给蒸发器所需制冷剂。

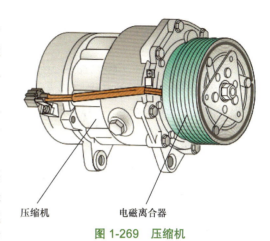

图 1-269　压缩机

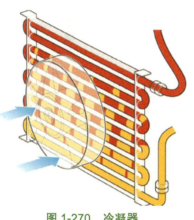

图 1-270　冷凝器

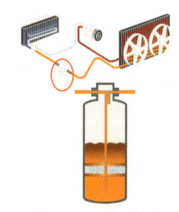

图 1-271　储液干燥罐

5）蒸发器。如图 1-273 所示，蒸发器安装在车厢内的空调箱中，低温低压雾状制冷剂流经蒸发器，不断吸收热量，汽化转变成低温低压气态，又被压缩机吸入进行制冷循环。

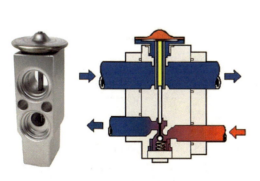

图 1-272　膨胀阀

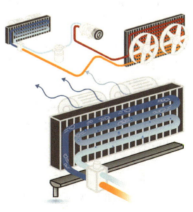

图 1-273　蒸发器

（三）加热系统与通风系统

1. 加热系统

加热系统常规采用暖风加热，如图 1-274 所示，部分轿车还采用驻车加热。加热系统与发动机冷却系统配合工作，将发动机发出的热量传到车厢内。加热系统的主要部件包括冷却液软管、热交换器、鼓风机、暖水阀等。

驻车加热系统是当汽车未起动时，起动加热系统（通过燃烧燃油）预先给驾驶舱加热，或者可以给发动机加热。驻车预热系统可以遥控起动，使加热泵工作；也可以在车内信息系统预先设定加热。

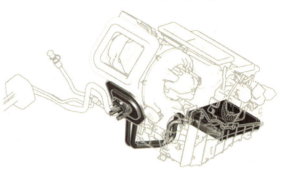

图 1-274　热交换装置

2. 通风系统

由于天气情况是变化的，必须能够改变设定温度和仪表板出风的气流方向。通风系统风道的布置如图 1-275 所示。

（四）手动空调控制系统

1. 空调控制面板

图 1-276 所示为手动空调控制面板。

1）A/C 按钮。按下按钮可使制冷压缩机吸合。

2）鼓风机滑动开关。拨动开关可开启鼓风机和调节鼓风机转速，设有低、中、高转速三档。

图 1-275　通风风道

3）出风口旋钮。有五种吹风模式：头部吹风、脚部/头部吹风、脚部吹风、脚部/前风窗吹风、前风窗吹风。

4）室内/室外空气旋钮。拧动旋钮可选择外部进风、室内循环通风。

5）温度调节旋钮。拧动旋钮可设定温度，此旋钮控制暖水阀开闭和冷热空气混合风板的位置。

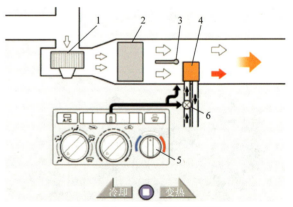

图 1-276　手动空调控制面板

1—鼓风机　2—蒸发器　3—温度风板　4—热交换器
5—温度调节旋钮　6—暖水阀

2. 打开制冷

按下 A/C 按钮，拨动鼓风机开关，拧动温度调节旋钮到冷，如图 1-277 所示,温度风板和暖水阀同时被操纵,温度风板挡住热交换器,空气完全通过旁通道,暖水阀完全关闭。

3. 打开暖气

拨动鼓风机开关,拧动温度调节旋钮到热,如图 1-278 所示,温度风板和暖水阀同时被操纵,温度风板挡住旁通道,空气完全通过热交换器,暖水阀完全打开。

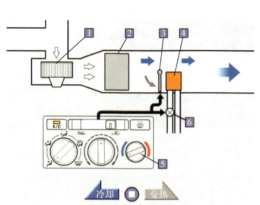

图 1-277 打开制冷

1—鼓风机　2—蒸发器　3—温度风板　4—热交换器
5—温度调节旋钮　6—暖水阀

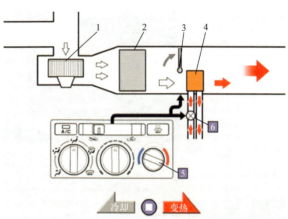

图 1-278 打开暖气

1—鼓风机　2—蒸发器　3—温度风板　4—热交换器
5—温度调节旋钮　6—暖水阀

(五)自动空调控制系统

由驾驶人设定室内温度,当工作模式设置为 AUTO(自动)时,控制单元根据传感器检测到的室外温度、室内温度、冷却液温度、设定温度和阳光照射量,计算并控制鼓风机转速、出风口位置和出风温度,如图 1-279 所示,以符合驾驶人设定的室内温度。

自动空调系统主要由控制单元、传感器和执行器组成。传感器包括室内温度传感器、室外温度传感器、蒸发器温度传感器、日照(阳光)传感器等。执行器包括鼓风机控制器、空气循环风门伺服电动机、温度风门伺服电动机、出风口伺服电动机等。

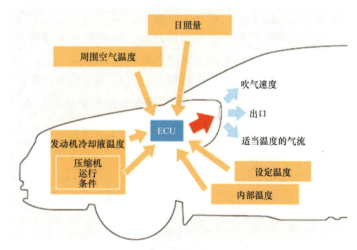

图 1-279 自动空调系统

自动空调的通风模式不仅可以实现自动控制,还可以手动设定不同区域出风口的温度。自动空调控制面板如图 1-280 所示,温度可以由驾驶人和前排乘客分别设定,称作分区温度调节。

图1-280　自动空调控制面板

四、车载网络系统

（一）车载网络概述

1. 车载网络的优点

1）将传感器信号线减至最少，便于更多的传感器信号进行高速数据传送。

2）可以减少控制单元插脚数量，节省控制单元有限空间。

3）如果控制单元需要增加功能，只需软件升级即可。

4）各控制单元之间可高速传送信息，信息共享。

5）各控制单元对所连接的总线进行实时监测，如出现故障则会存储故障码。

6）采用同一总线协议的控制单元，虽然生产厂家不同，各控制单元之间仍可以进行数据交换。

2. 什么是数据总线

一辆汽车不管有多少个控制单元，不管信息容量有多大，每个控制单元都引出两条线接在两个节点上，这两条导线称作数据总线（CAN-BUS）。

（二）车载网络分类

目前乘用车广泛采用的网络类型有 LIN 网络、CAN 网络、MOST 网络、FlexRay 网络。

1）LIN 网络。LIN 网络的传送速率是 9.6kbit/s，属于 A 类网络。LIN 是一种低成本、高效率的汽车网络协议，作为 CAN 总线的辅助网络被大量使用，主要用于车身系统的控制，例如车身控制单元是主控单元，刮水器 LIN 控制器是从控单元。LIN 的每一帧完整信息称为框架，框架包含标题和信息，如图 1-281 所示。

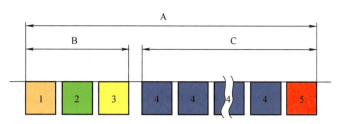

图 1-281　LIN 完整信息

A—框架　B—标题　C—信息
1—同步中断　2—同步栏位　3—标识栏位　4—数据信号　5—校验总和

2）CAN 网络。车辆上的 CAN 网络有两种：中速 CAN 和高速 CAN，属于 B 类网络。中速 CAN 的传送速率是 125kbit/s，主要用于传输舒适系统的信息；高速 CAN 的传送速率是 500kbit/s，主要用于传输发动机、ABS、变速器等动力系统的信息。CAN 网络好比在开电话座谈会议，如图 1-282 所示，一人讲话所有人都在接听，如听到有关自己的信息就要记录下来。

3）MOST 网络。MOST 的传送速率是 24Mbit/s，属于 D 类网络，主要用于信息娱乐系统的信息传播。MOST 网络最大的特点是各个单元构成一个环形，如图 1-283 所示。

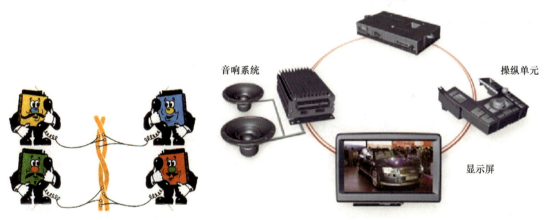

图 1-282　CAN 网络传输　　　　图 1-283　MOST 环形网络

4）FlexRay 总线。FlexRay 联盟是一个研发企业联合组织，成立于 2000 年。FlexRay 总线可以实现更快的数据传输速率、更强的实时控制和更高的容错运算，比如动态控制、车距控制和图像处理功能。FlexRay 总线特点：双线式总线系统、时间控制式数据传输（时间触发）、数据传输速率最高 10Mbit/s，属于 C 类网络。FlexRay 总线波形如图 1-284 所示。

5）网关。由于汽车上装备的动力、舒适、信息娱乐等总线系统的发送速率不

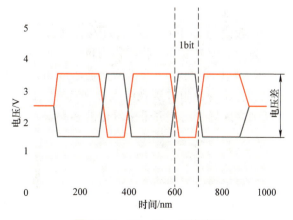

图 1-284　FlexRay 总线波形

同，如要对几个系统进行统一管理、信息共享，需要安装一个称作网关服务器的芯片。它的作用首先是在各总线系统及诊断仪之间做"翻译"工作，其次是对总线运行进行监视，如果总线或网络内的控制单元出现故障，网关会存储故障码。网关可以是单独的部件，也可以集成在某个控制单元内。

第5节 车身

一、车身概述

（一）车身作用

设计车身时，要考虑到汽车的承载空间、车内效果、视野效果。

1）承载空间。汽车车身应为驾驶人提供便利的工作条件，为乘员提供舒适的乘坐条件，能够提供足够的空间运载货物并且装卸方便，如图1-285所示。

2）消除外界的影响。车身保护乘客和货物免受汽车行驶时的振动、噪声、废气的侵袭以及外界恶劣气候的影响，如图1-286所示。

图1-285 承载空间

图1-286 消除外界影响

3）宽阔的视野。驾驶人在行车过程中，需要宽阔的视野，如图1-287所示。车身在设计过程中要减少盲区，一般说后车门外侧30°范围的区域，由于这片区域在反光镜的视界以外，我们称为盲区。

4）坚固美观。一旦遇到交通事故可以最有效地保护乘客，车身及附件美观给人带来赏心悦目的感觉，内部装饰恰到好处给乘客带来舒适的享受。

（二）车身分类

1. 按车身承载分类

1）承载式车身。指在前、后桥之间未设有起承载作用的独立车架，整个车身是一个

图1-287 宽阔的视野

整体，车身直接承受从地面传来的力和动力系统传来的力，轿车和小型客车常采用此类，如图 1-288 所示。承载式车身的发动机、变速器、前后悬架等总成安装在车身上设计要求的位置。

2）非承载式车身。指有车架（大梁）的车身，车身安装在车架上，车身和车架可以分开，施加于汽车上的力基本都由车架承受，越野车和货车常采用此类。非承载式车身由纵梁、横梁构成一个矩形刚性车架，如图 1-289 所示，车架承载着整个车体，发动机、悬架和车身都安装在车架上，车架通过前、后悬架与车轮连接。

图 1-288　承载式车身

图 1-289　矩形刚性车架

2. 按车身形状分类

汽车车身是一件精致的综合艺术品，形状繁多，按形状特点可分为以下几类。

1）三厢车。具有三个舱室，发动机舱、乘员舱和行李舱各自分开，除跑车外均为 4 门，如图 1-290 所示。近年来有些车型为降低风阻而将后风窗倾斜度增大，但仍属于三厢车，称作短背三厢车。

2）两厢车。具有两个舱室，即发动机舱和乘员舱，而行李舱与乘员舱合成一体，也称溜背车，如图 1-291 所示。在后部安装可以掀开的后门，没有货舱和室内的隔离，后座椅背能够向前放倒，后部形成较大的行李舱。

图 1-290　三厢车

图 1-291　两厢车

旅行车是以三厢车为基础，把三厢车的行李舱加高到与车顶齐平，用来增加行李空间，行李舱与乘员舱合成一体，由此变为两厢车，如图 1-292 所示。

运动型多功能车（SUV）亦属于两厢车型，如图 1-293 所示。

图 1-292　旅行车　　　　　图 1-293　SUV

3）单厢车。具有一个舱室，发动机底置，乘员舱与行李舱合成一体，如图 1-294 所示。这种类型使用空间大，适于运载较多的乘客和大量的行李，多用途车（MPV）也属于单厢车型。

图 1-294　单厢车

（三）安全车身

1. 概述

1）车身材料。车身设计时首要考虑行车安全性，因此车辆都设有安全结构车身，按照碰撞的强度对不同部位采用不同强度的钢材，如图 1-295 所示。现代汽车为实现车身轻量化，车身采用高强度钢和超高强度钢的比例越来越高。

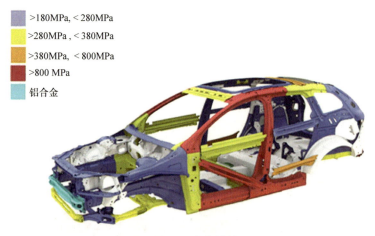

图 1-295　车身材料

2）吸能设计。当今车辆都具有吸能设计，如图 1-296 所示，碰撞后前、后车身变形区和驾驶室的高刚度区能有效地吸收和分解碰撞能量，使驾驶室变形减小到最低程度。

3）车门防撞梁。车门防撞梁是一种强化材料，放置在门板与内饰板之间，如图 1-297 所示，确保侧面撞击时车门的强度。

第1章 二手车鉴定评估基础

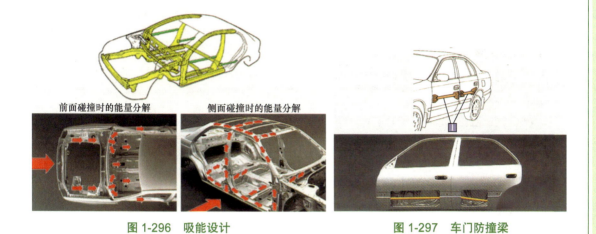

图 1-296　吸能设计　　　　　　　图 1-297　车门防撞梁

1—车门防撞梁

2. 轮距和轴距

如图 1-298 所示，长的轮距（两侧车轮中心面之间的距离）和长的轴距（前后车轮中心之间的距离）可以使动力传递稳定，当车辆在曲折道路上行驶时，这种稳定性转化为可靠的操控性。

3. 碰撞的类型

汽车在使用过程中，碰撞是难以避免的，常见的碰撞类型有以下几种。

1）前部碰撞。前部碰撞是指汽车前部发生碰撞，如图 1-299 所示。前部碰撞力达到一定程度会激活安全气囊和安全带预紧器，激活的决定性因素是车辆的速度和减速度，以及驾驶人或乘客向前方冲的速度。

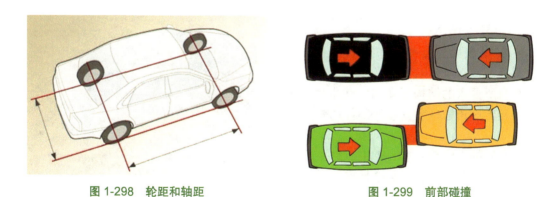

图 1-298　轮距和轴距　　　　　　　图 1-299　前部碰撞

2）侧面碰撞。侧面碰撞可能产生严重人身伤害事故，这是由于侧面碰撞挤压区的空间较少，如图 1-300 所示。

3）尾部碰撞。尾部碰撞通常发生在低速时被追尾，如图 1-301 所示。这一类型碰撞仍然会导致严重的人身伤害，通常损害头颈部。尾部碰撞中，燃油箱损坏的风险很大，在特别严重的追尾事故中可能导致燃油溢出，同时有着火的风险。

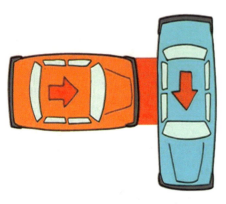

图 1-300　侧面碰撞　　　　　　　　图 1-301　尾部碰撞

二、车身结构

汽车车身由白车身、车身附件、车内附件、内部装饰等组成。

（一）白车身

汽车整车生产厂建有四大分厂，即冲压分厂、焊装分厂、涂装分厂和总装分厂，白车身在前两个分厂完成。白车身是指完成拼装焊接，但是尚未涂装的车体及四门两盖，如图 1-302 所示。白车身由三部分组成：车身结构件、车身覆盖件、开闭件。

图 1-302　白车身

1. 车身结构件

一般指纵梁、支柱、车底板、顶盖边梁等，是车身承载能力的基础，对保证车身所要求的结构强度和刚度非常重要，是支撑覆盖件和安装开闭件的骨架。

车身侧围支柱有 A 柱、B 柱、C 柱、D 柱，如图 1-303 所示。支柱是支撑车辆结构强度的主要部分，A 柱在发动机舱和驾驶舱之间，左右后视镜的上方；B 柱在驾驶舱的前座和后座之间，安全带就在 B 柱上；C 柱在后座头枕的两侧，旅行车和 SUV 还设有 D 柱。

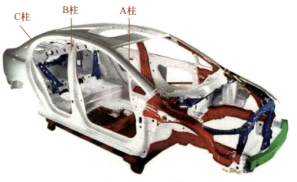

图 1-303　支柱

2. 车身覆盖件

覆盖件是覆盖在车身表面的板件，包裹车身骨架，主要功能是封闭车身、外观造型以及提高车身结构强度和刚度。覆盖件包括前翼子板、顶盖、后翼子板、后围板等。

3. 开闭件

发动机舱盖、车门、行李舱盖或尾门、顶窗、加油盖、充电插座盖等均属于开闭件。SUV 的尾门如图 1-304 所示。

（二）车身附件

车身附件在增加车辆观赏性的同时，还能够给驾驶人和乘客提供乘坐的方便性和舒适性以及更高的安全性。

1）保险杠。保险杠具有安全保护、装饰车辆以及改善车辆的空气动力学特性等作用，如图 1-305 所示。安全上，汽车发生低速碰撞事故时能起到缓冲作用，保护前后车体；在与行人发生事故时可以起到一定的保护行人的作用。外观上，具有装饰性，是装饰轿车外形的重要部件。同时，汽车保险杠还有一定的空气动力学作用。

图 1-304　SUV 尾门

2）行李架。行李架能够给车主提供更多的载物空间，便于外出旅行和作业，有些汽车在出厂时就已经安装了行李架，如图 1-306 所示。行李架要符合空气动力学设计，实现最小的风噪声和空气阻力。

图 1-305　保险杠

图 1-306　行李架

3）尾翼。一些两厢车、MPV 的尾门上方装有鸭尾状的尾翼，如图 1-307 所示。尾翼可以将车顶上的气流顺畅地导至车后，利用该气流将后风窗的灰尘清除掉，避免灰尘影响驾驶人的后视野。尾翼是扰流板的一种，可减少汽车尾部的升力，如果车辆尾部升力过大，汽车容易出现甩尾，但安装尾翼会增加风阻。

4）车窗玻璃。车窗玻璃是汽车的重要部件，它可保证车辆的安全和舒适，除要求透明以外，玻璃碰到物体时应具有保护乘客的作用。车窗玻璃种类如图 1-308 所示。

图 1-307　尾翼

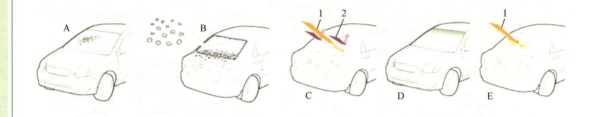

图 1-308 玻璃种类

A—夹层玻璃　B—钢化玻璃　C—防紫外线玻璃　D—有色玻璃　E—吸收红外线玻璃
1—太阳光　2—紫外线

① 夹层玻璃是将一层透明薄膜夹在两层普通玻璃中间并压在一起，薄膜具有减弱紫外线和粘接作用，当外部物体如飞来的石头击中玻璃，薄膜能防止玻璃碎片散落。夹层玻璃用于前风窗。

② 钢化玻璃是将普通玻璃加热后再快速冷却，使玻璃具有较强的抗冲击性，强度是普通玻璃的四倍。虽然钢化玻璃在遭受强烈碰撞时也会破碎，但它会破碎成很小的颗粒，以便最大限度地减小伤害。

③ 防紫外线玻璃可以减少 90%~95% 的紫外线，用于门窗玻璃和后风窗玻璃。

④ 有色玻璃整体是绿色或青铜色，带有遮光带的玻璃可用作前风窗玻璃，这种玻璃只有上方带色，并且边缘部分逐渐变淡以美化外观。

⑤ 吸收红外线玻璃包含了少量的镍、铁、钴等金属材料，这些材料吸收阳光中的红外线，减缓了由于阳光照射车内而导致的温度升高。

（三）车厢附件

1. 仪表板

仪表板位于驾驶舱内，驾驶人面前，如图 1-309 所示，用来安装仪表盘、显示屏、空调面板、开关、电器装置、出风口、杂物箱等。

图 1-309　仪表板

2. 副仪表板

副仪表板亦称延伸仪表板，或称中央仪表板，如图 1-310 所示。为了避免仪表板上仪表过分拥挤，仪表板中部向下延伸而成为仪表板的补充空间，在副仪表板上可以安装部分开关、收音机、烟灰缸、杂物箱等。

3. 汽车座椅与头枕

1）座椅的功用。座椅是汽车的必需品，如图 1-311 所示。座椅的功用是支承乘客，缓冲路面的冲击，确保乘客舒适并使长途驾驶疲劳降到最低程度。座椅还具有保护作用，当汽车以 50km/h 的速度行驶突然发生紧急制动、前部碰撞、车尾被追时，车内的物体会产生

30~40倍自身重量的冲击力，汽车座椅与安全带配合固定乘客。

图 1-310　副仪表板

图 1-311　座椅

1—头枕　2—靠背　3—腰部支撑　4—坐垫

2）头枕的功用。头枕功用是保护乘员在车尾受到碰撞的情况下，头部不受到冲击。可使用头枕调节器来调节头枕的位置以适应驾驶人的形体和姿态，有些车型头枕只能上、下调节；有些车型头枕既能上、下调节，也能前、后调节。

4. 汽车天窗

如果车内空气污染，会严重影响驾乘者的健康，特别是汽车在经历一段时间的密闭后，车厢内充斥着装饰用品散发的苯、甲醛等有害物质的气体。汽车全景天窗如图 1-312 所示，它利用负压换气原理，能够有效地使车内空气流通，增加新鲜空气的进入，为车主带来健康、舒适的享受。天窗也可以开阔视野，常用于移动摄影、摄像。

图 1-312　天窗

（四）内部装饰

1）转向盘。现代汽车转向盘操纵方便、手感好、安全性高，碰撞时能对驾驶人起到保护作用，如图 1-313 所示。

2）变速杆。变速杆与手的摩擦感觉良好，驾驶人握住后没有生涩的感觉，便于操纵，如图 1-314 所示。

3）地毯。地毯是一种视觉美观、脚踩舒适、隔声、防振的内部装饰，如图 1-315 所示。

4）水杯座。水杯座的形状如同两个不同尺寸的杯子，为车内人员提供便利，材料一般采用塑料，如图 1-316 所示。

5）行李舱垫。行李舱垫的下方是备胎和随车工具，上方可放置物品，采用防水材料，主要材料为纺织品和合成塑料，如图 1-317 所示。

图 1-313　转向盘

图 1-314　变速杆

图 1-315　地毯

图 1-316　水杯座

图 1-317　行李舱垫

三、车身涂装

车身涂装是指首先对白车身进行漆前处理，再进行电泳底漆、中涂漆、面漆、清漆等工艺。涂料是涂在车身表面的一种膜，作用是美化车身外观，防止车身锈蚀、阳光直射、灰尘和淋雨。

（一）车身防腐

1）漆前处理。对冲压板件进行以点焊、胶粘为主要连接形式组合成白车身，空气中的水分会腐蚀白车身上的钢板。涂装分厂首先做漆前处理，包括脱脂、除锈、表调、磷化、水洗、钝化。

2）镀锌。为了提升车身的耐蚀性，现在许多制造商在喷漆前通过电解过程，使车身附着一层均匀的锌涂层，锌是一种具有极强抗腐蚀能力的金属，它与空气接触产生氧化层，这个氧化层保护钢板免受腐蚀。

（二）车身表面喷涂

1. 电泳底漆

底漆用来防止钢板锈蚀。电泳底漆在全封闭循环系统中进行，涂料利用率可达 95% 左右。电泳涂料以水溶性或水分散性离子型聚合物为成膜物，被涂工件可以是阳极也可以作为阴极。

2. 喷涂面漆

车身表面喷涂包括中涂漆、面漆、清漆。中涂漆承上启下,可增强涂层间附着力,面漆具有各种鲜艳的颜色和光泽,清漆用来保护面漆,各涂层的固化需要在烤漆房中加温。涂装分厂的喷涂流水线如图1-318所示。

面漆分为三种类型:纯色漆、金属色漆、珍珠云母漆,如图1-319所示。

1)纯色漆。涂装工艺包括底漆、中涂漆、面漆,光反射较好。

2)金属色漆。涂装工艺包括底漆、中涂漆、金属色漆、清漆。金属色漆中含有铝粒子,外层是透明的清漆,光反射好。这种色漆在车辆维护和清洗过程中需要小心,因为透明层稍有划伤就很明显。

图1-318 喷涂流水线

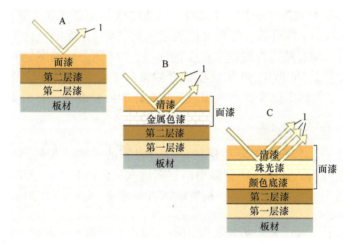

图1-319 面漆类型
A—纯色漆 B—金属色漆 C—珍珠云母漆
1—光反射

3)珍珠云母漆。涂装工艺包括底漆、中涂漆、颜色底漆、珠光漆、清漆,珠光漆中有微小的云母粒子。这种色漆独有的特征是具有深的、像珍珠一样的光泽和透明度,光反射最好。必须小心保护透明涂层不被划伤。

3. 水性漆

水性漆相比油性漆,在施工中可大幅减少有机溶剂的排放量,可以减少溶剂用量达2/3之多。此外,水性漆还具有漆面流平性好,无波纹感,漆面色彩鲜艳,漆面硬度高,抗刮伤性能优秀,耐候性极佳等特点。因此,水性漆越来越广泛地应用在汽车涂层工艺上,已成为技术发展的趋势。

4. 车身底部

汽车在行驶中，车身底部经常受到泥沙、碎石和污水等的撞击和冲刷，涂层受损后会导致钢板锈蚀。一般的涂料很容易受损，从而失去对车身底部钢板的防护能力，使这些部位很快腐蚀。车身底部可喷涂 PVC 抗石击车底涂料，一般能保证湿膜厚度在 1.0~2.0mm。另一种丙烯酸抗石击车底涂料以丙烯酸树脂粉为主要成膜物，配合专用的聚氨酯型附着力促进剂，其他成分与 PVC 抗石击车底涂料大同小异，其特点是比 PVC 抗石击车底涂料更环保，受热或燃烧时不会分解出有害气体。

第 6 节　汽车排放与安全技术

一、汽车排放标准与报废标准

（一）我国汽车排放标准

汽车排放标准是对从废气中排出的 CO（一氧化碳）、HC+NO_x（碳氢化合物和氮氧化物）、PM（微粒、炭烟）等有害气体含量的规定。其中 CO 是燃油氧化不完全产物，HC 是燃料中未燃烧物质，NO_x 是燃烧过程中产生的物质，PM 则是燃油燃烧时缺氧产生的物质。我国根据实际情况，从 20 世纪 80 年代初期开始采取了先易后难分阶段实施的具体方案，从具体实施至今，已由国 I 标准提高到国 VI 标准，详细内容请查阅有关资料。

（二）我国汽车报废标准

商务部、发改委、公安部、环境保护部联合发布的《机动车强制报废标准规定》自 2013 年 5 月 1 日起施行，其中，小、微型出租客运汽车使用 8 年，中型出租客运汽车使用 10 年，大型出租客运客车使用 12 年，租赁载客汽车使用 15 年，详细内容请查阅《机动车强制报废标准规定》。

对于小型、微型非营运载客汽车没有规定使用年限，但是《中华人民共和国道路交通安全法实施条例》规定，小型、微型非营运载客汽车 6 年以内每 2 年检验 1 次；超过 6 年的，每年检验 1 次；超过 15 年的，每 6 个月检验 1 次。

二、汽车主动安全技术

（一）防抱死制动系统（ABS）

1. ABS 功用

ABS 是在常规液压制动装置的基础上，增加了轮速传感器、电子液压控制单元等部件，在紧急制动时使各车轮实现抱死—滚动—抱死，充分利用路面附着力。该系统优点：制动时不跑偏、不甩尾，可保持良好的转向能力，提高轮胎使用寿命，缩短制动距离。

2. ABS 组成

1）轮速传感器。轮速传感器安装在车轮轴承齿圈附近，如图 1-320 所示，它随着车轮的转动产生信号并传送到 ABS 控制单元。

2）电子液压控制单元。俗称 ABS 泵，如图 1-321 所示，由电子控制单元与液压控制单元集成为一体。液压控制单元包括液压执行器、油泵，它与制动主缸、制动轮缸连接。电子控制单元将轮速传感器的信号加以分析，输出指令调节各制动轮缸的压力。

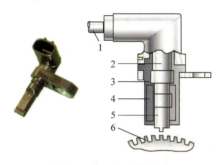

图 1-320　轮速传感器
1—电缆　2—永磁体　3—外壳　4—感应线圈
5—极轴　6—信号齿圈

图 1-321　电子液压控制单元

3. ABS 的工作过程

ABS 在工作期间，需要多频次地经历建压、保压、减压、增压四个阶段，这样可使汽车的车速在制动过程中始终保持在最佳制动距离内。

1）建压阶段。在减速制动情况下，ABS 对汽车制动没有影响，不参加工作。如图 1-322 所示，当踩下制动踏板，进油阀和出油阀都不通电，此时进油阀常开，出油阀常闭，制动液从制动主缸进入到制动轮缸。

2）保压阶段。如果 ABS 控制单元检测到某个车轮即将抱死，如图 1-323 所示，将对该车轮的进油阀通电，使其关闭，此时即使增加制动踏板力，该轮缸的压力也不会再增加。

3）减压阶段。如果经过保压阶段车轮抱死的现象没有缓解，仍需要减小制动压力。如图 1-324 所示，ABS 控制单元继续对进油阀通电保持关闭，对出油阀通入脉动电流，使出油阀脉动打开，该轮缸的制动液进入蓄压器，同时油泵工作将制动液经过单向阀泵入制动管路以及制动主缸，这就是驾驶人感觉到制动踏板弹脚的原因。这种减压是受控的，以便使车轮滑移率重新回到最佳范围，这时该轮缸的制动压力下降，车轮转速重新提高。

4）增压阶段。如果车轮转速增加超过了最佳滑移范围，如图 1-325 所示，ABS 控制单元中断出油阀电流，出油阀关闭；对进油阀通入脉动电流，进油阀脉动打开。随着制动液在压力作用下流入轮缸，轮缸的压力重新增加。ABS 控制单元反复进行上面四个循环，根据路面附着力情况，循环次数为 3~20 次/s。

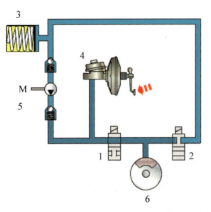
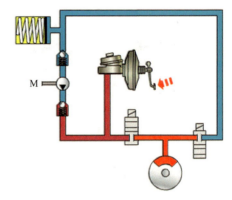

图 1-322 建压阶段（进油阀打开、出油阀关闭）　　图 1-323 保压阶段（进油阀关闭、出油阀关闭）

1—进油阀　2—出油阀　3—蓄压器
4—制动主缸　5—油泵　6—制动盘

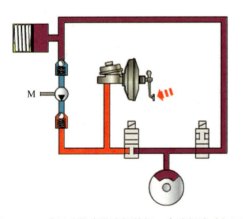
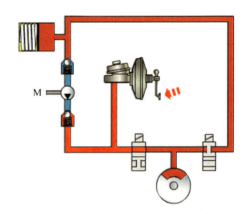

图 1-324 减压阶段（进油阀关闭，出油阀脉动打开）　　图 1-325 增压阶段（进油阀脉动打开，出油阀关闭）

（二）ABS 的扩展功能

汽车传统制动系统已经远远不能满足车辆在恶劣环境下安全行驶的需要，随着汽车科技的飞速发展，汽车行驶主动安全装置从最初的 ABS，发展到 EBD、TCS、ESP、EBA、HDC、HAS 等众多功能。

1. 电子制动力分配（EBD）

在恶劣路面行驶时，高速度能够体现出车辆的最佳性能，驾驶人同时也能感受到驾驶激情，但在过度制动情况下，车身重心前移使得后轮胎有失去抓地能力的危险。此时 EBD 根据汽车制动时产生轴荷转移的不同，自动调节前、后轴的制动力分配比例，提高制动效能，并配合 ABS 提高制动稳定性，如图 1-326 所示。

2. 牵引力控制系统（TCS）

TCS 功用是防止汽车起步、加速过程中驱动车轮打滑，特别是防止汽车在非对称路面或转弯时驱动车轮空转。TCS 具有以下优点：在湿滑路面起步不会打滑，两个牵引轮中有一个陷入泥水中，它可以通过 ABS 制动打滑车轮，把牵引力转移到另一牵引轮，从而很快使车辆脱离困境；在左、右车轮与地面的摩擦系数不一样时，车辆不会侧滑，如图1-327所示。

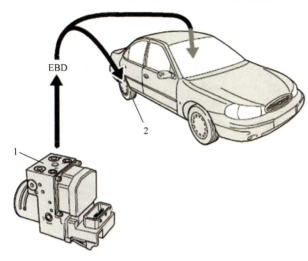

图1-326 电子制动力分配

1—ABS控制单元 2—后轮制动液压管路

图1-327 牵引力控制系统

3. 电子稳定程序（ESP）

ESP是一种主动安全装置，它在车辆出现转向过度或转向不足的情况下，能保持车辆行驶的稳定性。ESP在车辆不按转向意图行驶时，有选择地制动车轮，车辆可以被"拉"回到正确的行驶轨迹上，如图1-328所示。

4. 紧急制动辅助（EBA）

许多驾驶人对需要施加比较大的制动力没有准备，或者他们反应太慢。EBA通过驾驶人踩踏制动踏板的速率来理解制动行为，如果它察觉到制动踏板的制动压力突然增加，EBA会在几毫秒内起动全部制动力，其速度要比大多数驾驶人移动脚的速度快得多。EBA可显著缩短紧急制动距离并有助于防止在停停走走的交通中发生追尾事故，如图1-329所示。

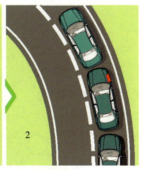

图1-328 电子稳定程序

1—无电子稳定程序 2—有电子稳定程序

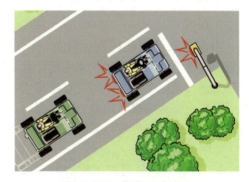

图1-329 紧急制动辅助

5. 陡坡缓降控制（HDC）

HDC可以使车辆在特定环境下，驾驶人无需踩制动踏板，使车辆实现自动制动功能。在下坡过程中，按下陡坡缓降开关，仪表上有指示灯点亮。此时驾驶人无需踩制动踏板，车辆会自动以低速行驶,并且能够逐个对超过安全转速的车轮施加制动力,从而保证车辆平稳下坡,如图1-330所示。

6. 坡道起步辅助(HAS)

HAS可防止从驾驶人释放制动踏板到踩下加速踏板这段时间内,车辆出现意外移动的情况。当车辆在上坡的时候,发动机运转时踩下制动踏板以后,如果松开制动踏板,此系统仍然能使车辆在一段时间内保持制动的状态,如图1-331所示。

图1-330 陡坡缓降控制

图1-331 坡道起步辅助

三、汽车被动安全技术

(一)安全带

1. 概述

当车辆突然制动或发生碰撞时,由于具有很强的惯性力,乘客身体向前移动,安全带可适当地把乘客身体固定在座椅上,因此可以防止乘客碰撞转向盘、前风窗玻璃或是被抛出车外。安全带类型有两点式和三点式,如图1-332所示。

1)两点式,只是固定乘员的腰部,不固定上半身,用于后排座椅的中间座位。

2)三点式,在两点基础上增加一根斜跨到肩部的固定上半身的带子,因有三处固定点,故称三点式,用于除去后排中间的所有座位。

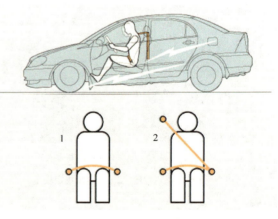

图1-332 安全带

1—两点式 2—三点式

实际事故统计表明，绝大部分事故都是靠安全带减少乘员受伤危险的，即使在气囊充气的交通事故中，佩戴安全带也非常重要，一方面它确保乘员获得气囊最有效保护的位置与姿势，另一方面可减少充气气囊对乘客面部的擦伤。因此，三点式安全带可将驾驶人保持在安全气囊能最大程度发挥保护作用的位置。

2. 气囊式安全带

这类安全带预留一个空气袋，并有类似安全气囊的感知装置，在安全带产生束缚动作时，此气囊也会引爆同时充气，产生弹性空间，使安全带紧束时不至于伤害乘员，如图1-333所示。

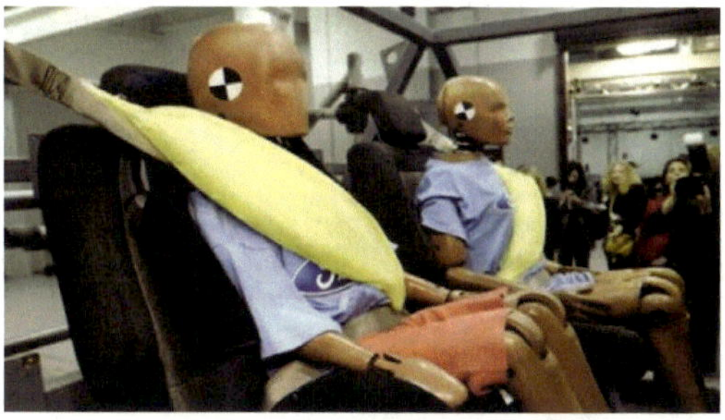

（二）安全气囊

1. 气囊的功用

图1-333　气囊式安全带

气囊系统的功用是当汽车发生碰撞时，安全气囊迅速在乘员与汽车内部构件之间产生一个充满气体的气垫，让乘员"扑"在气垫上，通过气囊的阻尼排气等过程吸收乘员的动能，使猛烈的碰撞得以减缓，以保护乘员的头部和胸部，如图1-334所示。

2. 气囊的形式

气囊经过数十年的发展，已演变出各种不同的形式，包括转向盘气囊、前排乘客气囊、驾驶人侧气囊、前排乘客侧气囊、后排乘客侧气囊、侧气帘、膝部气囊等，如图1-335所示。

图1-334　气囊保护功用

图1-335　气囊形式

1）正面气囊。为了提高车辆碰撞后对人员的身体保护，目前车辆的驾驶人侧和前排乘客侧安全气囊已成为标准配置，驾驶人安全气囊安装在转向盘上，充气器底部有插头连接，前排乘客安全气囊安装在杂物箱上方的仪表板中，如图1-336所示。

2）座椅侧气囊。安装在座椅靠背侧面的气囊在汽车受到后部冲击时，能够减轻或避免乘员靠车门侧的

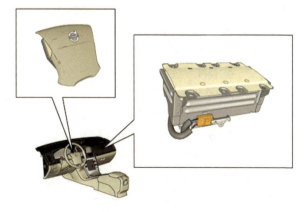

图1-336　正面气囊

身体伤害，如图 1-337 所示。

3）侧气帘。安装在顶盖边梁下面贯穿前后，如图 1-338 所示，受车身内横向加速度传感器控制。当横向加速度大于正常值，且达到危险值时就会控制引爆展开气囊，能够在车辆发生倾覆时，对乘员提供保护。

4）膝部气囊。用来降低乘员在二次碰撞中车内饰对乘员膝部的伤害，如图 1-339 所示。高端乘用车上装有驾驶人、前排乘客、后排乘客膝部安全气囊。

图 1-337　座椅侧气囊

图 1-338　侧气帘

图 1-339　膝部气囊

3. 安全气囊系统的组成

安全气囊系统主要由气囊控制单元、气囊组件、碰撞传感器、气囊故障警告灯等组成，如图 1-340 所示。

1）气囊控制单元。气囊控制单元根据传感器相关信息，分析是否发出气囊引爆指令。气囊控制单元安装在中央扶手箱下方，如图 1-341 所示。

2）气囊组件。主要由引爆器、气体发生器、气囊及外壳组成，如图 1-342 所示。控制单元对引爆器通电，引爆器的热量引燃点火药粉，再引燃气体发生剂（叠氮化钠固体片，高档车采用硝酸铵粉末），产生大量气体对气囊充气，使气囊急剧膨胀，撕破转向盘上的装饰盖冲向驾驶人，使驾驶人头部和胸部压在充满气体的气囊上，缓冲对驾驶人的冲击，随后又将气囊中的气体放出。

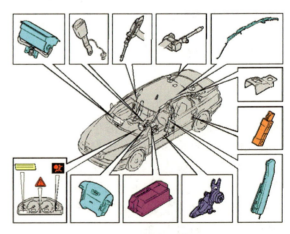

图 1-340　气囊系统组成

第1章 二手车鉴定评估基础

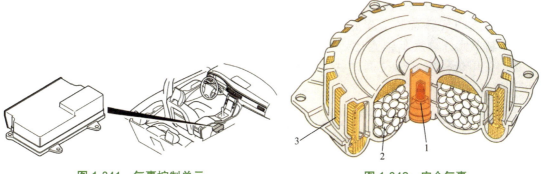

图1-341 气囊控制单元

图1-342 安全气囊
1—引爆器 2—叠氮化钠固体片 3—气囊

3）碰撞传感器。车辆碰撞后，该传感器将碰撞信号送往控制单元。车辆前部、侧面安装有碰撞传感器，如图1-343所示。

4）螺旋电缆。如图1-344所示，螺旋电缆保证引爆器与线路有良好的电接触，它使用带短路器的插头连接，按一定方向安装在转向盘下方。在拆卸安装时，要对好安装位置，以免把螺旋电缆拉断。

5）气囊线束。为了便于将气囊系统线束与其他电气系统线束区别开，目前大多数汽车的气囊系统线束及熔断机构采用黄色或橘红色护套，如图1-345所示。气囊系统的线束不得维修，如有问题需要整体更换。

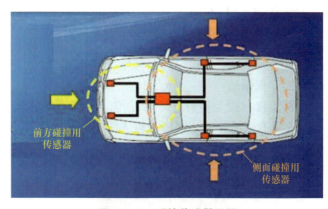

图1-343 碰撞传感器位置

图1-344 螺旋电缆

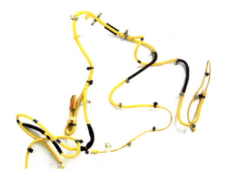

图1-345 气囊线束

4. 气囊引爆过程

1）气囊引爆条件。引爆是有条件的，引爆过程也是分阶段的。气囊触发与否取决于撞车时汽车的减速度与控制单元设定的减速度。若撞车时汽车的减速度小于控制单元设定的基准值，即使碰撞严重损坏轿车，系统也不会触发安全气囊。

2）气囊引爆过程。发生碰撞时，开始对气囊充气，气囊压力上升的速率取决于碰撞类型，一般的气囊有两个膨胀阶段。气囊控制单元计算汽车碰撞时刻的减速度，在几毫秒内评估碰撞的类型，如图1-346所示。

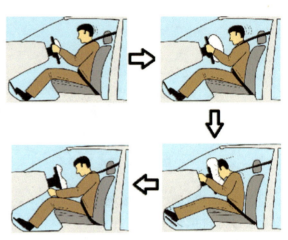

图1-346　气囊引爆过程

（三）其他被动安全装置

1. 安全头枕

当汽车后部发生碰撞时，人的头部会由于惯性向后猛扑一下，这时头枕被激活向前移动，给出一个向前的缓冲力，保护头部以下颈椎的安全，如图1-347所示。

2. 吸能保险杠

保险杠材质为塑料，后面是泡沫吸能缓冲材料，再后面是铝合金加强梁，如图1-348所示，可有效减小低速碰撞对行人的伤害。

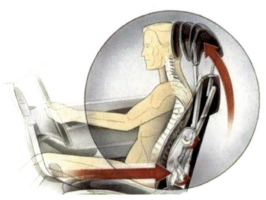

图1-347　安全头枕

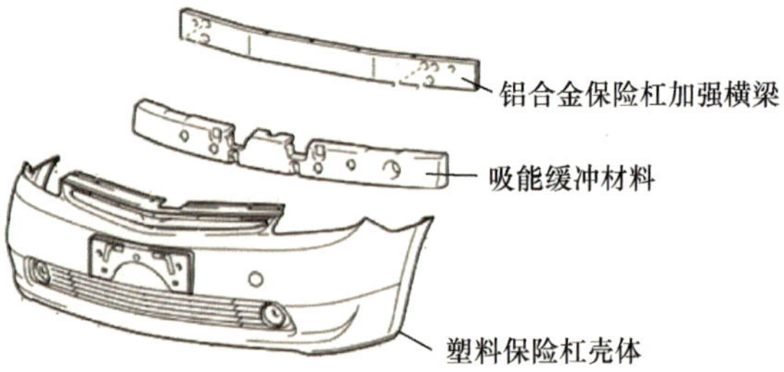

图1-348　吸能保险杠

3. 可溃缩式转向柱

在汽车发生剧烈撞击时，驾驶人往往会因强烈的惯性作用而向前倾，人体的胸部会和转向盘发生碰撞。转向柱设计成可溃缩式的，如图1-349所示，一旦发生正面撞击，转向柱便会自动收缩进去，或者瞬间"折断"，从而拉开与驾驶人间的距离，以增加生存空间。

图1-349　可溃缩式转向柱

第 2 章

二手车技术状况鉴定入门

第 1 节　二手车技术状况鉴定基础

一、二手车技术状况鉴定术语

（一）二手车

GB/T 30323—2013《二手车鉴定评估技术规范》中定义，二手车是指从办理完注册登记手续到达到国家强制报废标准之前进行交易并转移所有权的汽车。

二手车在日本叫"中古车"，在美国叫"Used Car"。当然只要是交易过，不管是转移几次，在国内通常都叫二手车，或者旧机动车。

（二）二手车技术状况鉴定

GB/T 30323—2013《二手车鉴定评估技术规范》中定义，二手车技术状况鉴定是对车辆技术状况进行缺陷描述、等级评定。

二手车技术状况鉴定是二手车鉴定评估的核心工作之一，是对二手车的车身结构、外观情况、底盘、发动机、电气设备等进行检测和鉴定，通过准确的描述，再进行等级的评定、系统的记录，形成统一标准的报告，以便于后期评估计算。

二、二手车的技术状况鉴定入门

（一）二手车技术状况鉴定的必要性

随着我国国民经济的发展、市场经济的不断完善和汽车保有量的不断增加，2011 年我国已经成为世界第一汽车产销大国，截至 2019 年上半年，全国汽车保有量 2.5 亿辆，其中私家车 1.98 亿辆。二手车和新车登记比例达到 0.94 : 1，较 2018 年同期 0.74 : 1 的比例明显提高，也反映了二手车市场日趋活跃。相比传统汽车大国美国、日本和德国等国家，二手车和新车登记比例普遍在 1.6 : 1 以上，我国的二手车市场发展空间巨大。

在迅速增长的市场环境中，交易车辆车况不透明，手续不齐备，交易信息不对称，买家故意隐瞒实际车况，在很大程度上影响了消费者购买二手车的信心。因此有必要通过技术状况鉴定和价值评估，向消费者提供真实的车况信息与符合实际情况的车辆价值信息，让广大消费者放心消费。在二手车交易环节中，无论什么交易方式，买卖双方任何一方都有对二手车检测鉴定的需求：卖方，希望能卖一个高价，对于自己车辆状况似懂非懂，对买家价格总觉得"吃亏"，希望能有一个合理车况标准和价格，以便不会亏太多；对于买方，无论是机构买家还是个人，都不希望买到的车辆和实际不符，在定价（收购价）前，一定会对车辆进行一次详细的检测，便于合理地定价，这些环节都是二手车鉴定评估的具体内容。

二手车鉴定评估是指对二手车的技术状况进行检测、鉴定，确定某一时点价值的过程，包括二手车技术状况鉴定与二手车价值评估两方面的内容。从行业长远发展来看，"鉴定"的作用更为重要；从实际业务操作来看，现阶段"评估"能力的高低是决定业务成功与否的关键。因此"鉴定"与"评估"是二手车实际业务操作不可或缺的两个方面，二手车鉴定评估从业人员必须熟练掌握这两方面的能力。

（二）二手车技术状况鉴定内容

二手车技术状况鉴定是指对车辆技术状况进行缺陷描述、等级评定。主要包括如下工作内容：

1）车辆基本信息登记。
2）车辆识伪检查。
3）事故车辆判别。
4）正常车辆的技术状况检查。
5）正常车辆功能性零部件检查。
6）计算车辆技术状况分数。
7）判定车辆技术状况等级。
8）进行车辆技术状况缺陷描述。

（三）二手车技术状况鉴定范围

《二手车流通管理办法》是由商务部、公安部、工商总局、税务总局2005年第2号令发布的，其中第二十九条规定"二手车鉴定评估机构和人员可以按国家有关规定从事涉案、事故车辆鉴定等评估业务。"也就是说，二手车鉴定评估活动不仅仅局限在发生交易时才适用，在以下情况下均可以依照相关规定开展鉴定评估活动。

1. 二手车买卖交易

一辆二手车一旦进入市场流通，无论采用何种交易方式，均需要对车辆的技术状况进行全面的了解和评估。比如，在直接交易过程中，买方在购买决策前，一般都要找一两名"高参"通过现场测试对车辆的技术状况给出一个参考意见，这一过程其实也是鉴定评估活动。二手车经销企业在收购车辆时也需要对目标车辆进行全面检测和评估，然后给出一个收购价格，这一过程实质上也属于鉴定评估的范畴。

在下列条件下，二手车鉴定评估机构作为独立的第三方提供鉴定评估服务：
1）当买卖双方对车辆价格产生分歧时。

2）当买方对卖方提供的车辆技术状况产生异议时。

3）经销企业为提升待售车辆的可信度，委托第三方机构出具鉴定评估报告与车辆同时展示。

4）根据《中华人民共和国拍卖法》，当拍卖人要求委托人提供鉴定评估报告时。

2. 车辆保险

在对车辆进行投保时，所缴纳的保险费高低直接与车辆本身的价值高低有关。当被保险车辆发生交通事故，保险公司需要对事故车辆进行理赔时，为了保障保险双方的利益，需要对核保理赔的车辆进行评估。特别是成批车辆的投保，为慎重起见，往往需要由专业的二手车鉴定评估机构对成批车辆的价值进行评估。

3. 法律诉讼咨询服务

当事人遇到机动车辆诉讼时，委托二手车鉴定评估机构对车辆进行评估，有助于了解事实真相；同时，法院判决时，可以依据二手车鉴定评估机构的结论为法院司法裁定提供案值依据。

4. 抵押贷款

银行为了确保放贷安全，要求贷款人以机动车辆作为贷款抵押物时，要对机动车辆进行鉴定评估。而这种贷款安全性的高低在一定程度上取决于对抵押车辆评估的准确性。在机动车贷款业务中，银行往往委托专业的二手车鉴定评估机构对拟作为抵押物的机动车进行评估，银行则会根据车辆的价值高低确定贷款额度。同时商业银行还要求保险公司提供相应的信用保证保险。

5. 担保

担保是指车辆所有人以其拥有的车辆财产为其他单位或个人的经济行为提供担保，并承担连带责任的行为。担保资格的确认则依据担保车辆价值的高低，而车辆价值的认定也需要委托专业的二手车鉴定评估机构。

6. 典当

当典当双方对典当车辆的价值有较大分歧时，为了保障典当业务的正常进行，一般委托二手车鉴定评估机构对典当物，即车辆的价值进行评估，典当行以评估结果作为放款依据。如果典当物发生绝当时，对绝当车辆的处理，同样也需要专业机构提供鉴定评估服务。

7. 运营车辆查验

汽车租赁企业由于运营的车辆较多，车辆作为运输工具，要保证可以正常使用，同时也要考虑车辆运营安全性，除了日常保养查验，还需要第三方专业检测评估机构定期对在运营车辆进行检测，提供车辆运行建议报告，不适合营运的，尽快更新。

8. 其他

其他经济行为的需要，如在企业或组织发生联营、兼并、出售、股份经营或破产清算时，需要对企业所拥有的机动车辆进行鉴定评估，以充分保证企业或组织的资产权益。如果需要对有关车辆的价值做出较为准确的认定，需要专业的二手车鉴定评估机构进行评估。

当单位或个人以其所拥有的机动车辆来偿还债务时,若债权债务双方对车辆的价值有异议时,也需要委托二手车鉴定评估机构对有关车辆的价值进行评估。

(四)二手车技术状况鉴定的方法和内容

1. 二手车交易必备的有关证件

无论是二手车还是新车,只要上路行驶,就必须按照国家有关的法律和法规办理各类相关的有效证件和缴纳各种应缴的税费,凭这些有效证件和缴纳的税费凭证上路行驶,这就是二手车上路行驶的手续。二手车是一种严管商品,它的价值包括车辆实体本身的有形价值以及各项手续构成的无形价值。

2. 二手车交易必备的有关证件

在二手车鉴定评估和交易之前,必须对二手车的各种有效证件进行全面认真的检查,只有手续齐全的车辆才能进行交易。

这些凭证一般有:

(1) 车辆来历凭证

新车来历凭证是指经国家工商行政管理机关验证盖章的机动车销售发票。二手车来历凭证是指经国家工商行政管理机关验证盖章的二手车交易专用发票。

1) 机动车行驶证。机动车行驶证是由公安部门车辆管理机关依法对机动车辆进行注册登记核发的证件,是机动车取得合法行驶资格的凭证,也是二手车转籍过户不可缺少的证件。凡上路行驶的汽车,必须随车携带此证。在二手车交易中,应坚持"先检验后交易"的原则。

2) 机动车号牌。机动车号牌是由公安部门车辆管理机关依法对机动车辆进行注册登记核发的号牌。和机动车行驶证一同核发,其号牌号码要与机动车行驶证上登记的号牌号码完全一致。严禁涂改、伪造和转借,固封螺栓应该齐全。严禁无号牌的车辆上路行驶。

机动车辆号牌的规格、颜色、适用范围都有极为严格的规定,以便管理和查询(号码分类和适用范围),目前广泛采用的是"九二"式号牌。

3) 道路运输证。道路运输证是县级以上人民政府交通部门设置的道路运输管理机构对从事旅客运输(包括城市出租客运)、货运运输单位和个人核发的随车携带的证件。营运车辆交易后,进行转籍、过户时,应到主管机关及相关部门一并办理营运过户手续。

4) 准运证。准运证是指从有资格进口车辆的口岸进口的车辆,需销往外地的新、旧车辆,必须具备经过国家商务部核发批准的证件。准运证一车一证,不能一证多车。目前,我国还严禁二手车进口。但从海外归国的人才,按规定可免税携带一辆私家车入境。

5) 其他证件。指二手车买卖双方的身份证明或居民身份证。主要是向车辆注册登记机关证明车辆所有权转移的车主身份和住址。

(2) 税、费缴讫证

按现行的税法,机动车应担负的税费有增值税、消费税、车船税、城建税、教育费附加和燃油附加税等。其中增值税、消费税、城建税和教育附加税是在生产和销售环节征收。具体是由汽车生产厂家代消费者先行向国家缴纳,厂家将所缴税额全额算在新车销售的市价中。现行收费项目经国务院及其职能部门审批涉及汽车的收费有七项。其中,由国务院批准开征的只有两项：一是车辆购置附加税，由车辆落籍地的交通部门征收；二是燃油附加税（其前身为公路养路费）。由国家统一规定，由省级政府自定标准的收费项目有五项，分别是车辆号牌费、驾驶证费、交通事故处理费、出租车管理费和车辆通行费。上述税费除增值税、消费税、城建税和教育附加税是在生产销售环节征收外，其他税费均在使用环节征收。

二手车评估时只考虑使用环节征收的费用。在二手车交易过程中，还需缴纳一些税费，如二手车交易增值税税率为4%，但减半征收，实际只征收2%，此外还有过户费和交易服务费等。

税费缴讫凭证主要是车辆在使用环节征收的税费凭证。

1）车辆购置附加税。车辆购置附加税的征收标准一般为车辆购置价格的10%。按国家规定，车辆购置附加税的征收范围为所有国内生产和组装并在国内销售和使用的各类乘用车和商用车。

2）燃油附加税。原为公路养路费，2009年改为燃油附加税。是交通管理部门规定的车辆所有者在使用车辆时，因占用道路而应缴纳的费用。

3）机动车保险费。是指车主为了防止发生意外交通事故，减少风险而向保险公司所交的费用。该项费用依据《机动车交通事故责任强制保险条例》及各大保险公司规定的各项保险费率交纳。

4）车船税。是国务院于2006年颁发的《中华人民共和国车船税暂行条例》规定的。凡在中华人民共和国境内拥有车船的单位和个人，都应按规定缴纳车船税。

5）客运、货运附加费。属于地方建设专项资金，是由地方政府指定客运、货运主管单位，本着"取之于民、用之于民"的原则，向从事客运、货运的单位或个人征收的费用。

（3）有效凭证的查验

二手车交易评估时，必须查验上述有效证件和税费缴讫的凭证，对车辆及其凭证核查的主要内容有：

1）核实车辆的产权。

2）验车。

3）检验。

4）验税。

5）验费。

（五）二手车技术鉴定的目的和方法

1. 目的

二手车技术鉴定的目的非常明显，就是为二手车的价值评估做好充分的技术准备工作，可以将其归纳为以下几点：

1）为汽车的继续运行做出评估。

2）提供合理的价格依据。

3）提高交通运输效率。

4）促进社会和经济的稳定发展。

5）确保汽车在动力性、经济性、安全性、可靠性、环保性等方面有良好的技术状况。

6）创造更大的经济效益和社会效益。

7）维护社会的安全与稳定。

8）为消费者提供一个公正的平台。

2. 二手车技术状况鉴定的方法

二手车技术状况的鉴定是由检查、测试、分析、判断等一系列活动组成的。其基本方法主要有：

1）传统的人工经验诊断法。是指通过具有一定理论知识的鉴定评估人员，凭借丰富的实践经验，在汽车不解体或局部解体的情况下，借助简单的工具，用肉眼观察、耳听、鼻嗅、手摸、脚踏等方法，边检查、边分析，进而对汽车技术状况做出评判的一种方法。

2）利用现代仪器设备的检测诊断法。是指在汽车不解体或者小部分解体的情况下，用专门的仪器设备来检测汽车及其各总成、部件的工作情况，为分析和判断汽车的技术状况提供科学的、全面的、公正的全部量化的检测数据。

（六）二手车技术状况鉴定的内容

二手车技术鉴定的基本内容主要包括车辆的碰撞检测和车辆的性能检测两个方面。其中车辆的碰撞检测主要包括全自动车身电子检测、漆面检测两个项目。车辆的性能检测主要包括解码器检测、发动机内窥镜检测、发动机气缸压力检测、驱动车轮的输出功率检测、传动系统所消耗的功率检测、空调检测和三元催化转换器温度检测七个主要项目。

第2节 二手车技术状况鉴定实操流程

一、二手车检测仪器设备及工具

随着汽车工业的发展，汽车技术不断升级，电子化程度越来越高，对二手车检测的要求也越来越高。最初二手车依靠有一定经验的检测人员，通过望（看）、闻（听）、问（询问）、切（触摸）的方式进行检测。仅凭经验进行的检测，其检测结果的随意性比较大，重复性不好，结果也不一致。近些年来，随着市场的交易量逐渐增速，检测标准化的需求逐渐增多，检测人员需要更准、更快地判断车辆技术状况，开始主动采用各种先进的仪器设备，对汽车不解体进行检测诊断。通过检测设备的诊断，出具一份公开、公平、公正和客观准确的二手车车况技术状况鉴定报告，也是对客户负责。

二手车检测仪器设备初期大部分都是汽车维修使用的设备，随着检测需求的增加，逐步过渡到二手车检验检测领域，下面简单介绍一些常用的仪器设备和工具。

1. 车身车架测量矫正系统

市场上所有的车身车架测量矫正系统根据测量方式的不同，可分成三种，即机械臂测量系统、超声波测量系统和激光测量系统。无论是哪种测量系统，都是根据车身或车架（底盘）的测量定位数据，对比原厂数据，分析车身或者车架等部件的变形或者修复情况。

(1)全自动车身电子检测设备

全自动车身电子检测设备由测量用横梁、超声波发射器、连接电缆、系统检测控制柜,以及测量探头适配器等组成。其工作原理是利用超声波定位技术,在车身和底盘上选择需要测量的点,将测量数据与数据库内原厂数据进行对比,通过数据差,判断测量点的位移变形情况。目前国内广泛使用在汽车车况检测、底盘修复领域,提高了二手车交易和评估活动中二手车底盘检测的精度,克服了传统检测存在的结果误差大、无车型数据、操作性不强、重复性差等问题。全自动车身电子检测设备如图2-1所示。

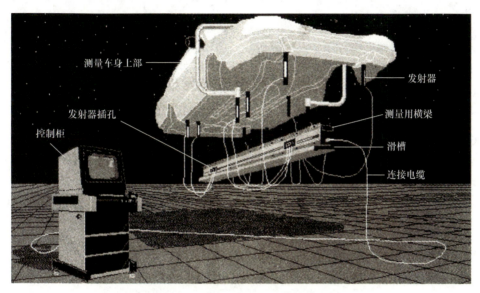

图2-1 全自动车身电子检测设备

全自动车身电子检测设备实操图如图2-2所示。

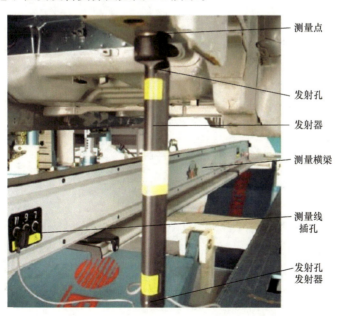

图2-2 全自动车身电子检测设备实操图

全自动车身电子检测设备附件 1 如图 2-3 所示，附件 2 如图 2-4 所示。

图 2-3 全自动车身电子检测设备附件 1　　　图 2-4 全自动车身电子检测设备附件 2

全自动车身电子检测设备可以一次测量多个测量点，同时对多个点进行监控，系统自动在很短时间内发射一次超声波，并把最新的测量数据结果反馈给计算机系统，通过系统实时比对，测量点之间不会相互干扰，测量精度可以达到 ±1mm。新出厂的车辆在生产线上底盘的安装误差一般为 1~2mm，最大不超过 5~6mm，在实际的检测过程中，只要对比这个参考值，就可以非常容易地判断车辆的底盘是否发生变形。对于两梁六柱和悬架发生严重变形的车辆，就可以明确地鉴定为事故车。全自动车身电子检测设备实测数据如图 2-5 所示。

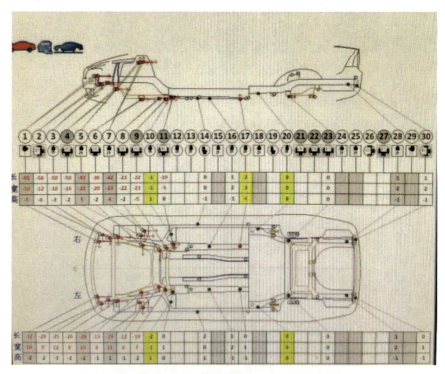

图 2-5 全自动车身电子检测设备实测数据

（2）快速精确车身电子检测设备 PointX

快速精确车身电子检测设备 PointX 如图 2-6 所示。

由图2-6可知，PointX测量系统由以下几部分构成。

1）磁力固定装置。

2）测量管。

3）轻量级手持测量臂。

4）适配器。

5）Vision2 PointX软件，可连接访问Car-O-Data数据库——世界上最大的汽车数据库。

其工作原理与全自动车身电子检测设备一样，通过对车身和底盘等部位的原厂定位孔的测量，在系统中比对与原厂的数据差，判断车身是否变形位移。车身电子检测设备PointX实际检测数据如图2-7所示。

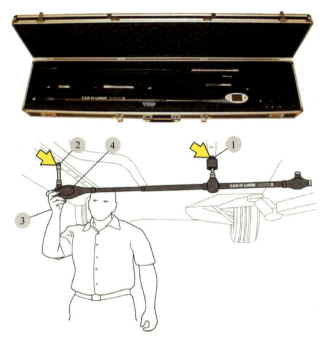

图2-6　快速精确车身电子检测设备PointX

图2-7　车身电子检测设备PointX实际检测数据

2. 底盘测功机

底盘测功机又称转筒试验台，是一种室内实验设备，模拟汽车在实际行驶时的阻力，用滚筒模拟代替路面，行驶时遇到的各种阻力通过系统加载装置模拟。底盘测功机的转矩和功率通过一个安装在连接定子和测功机外壳的力臂上的力传感器测得。

汽车驱动滚筒，加载装置通过定子对转子施加制动力矩，同时，定子受到转子的反作用力矩，此力矩被力传感器测得并换算成驱动车轮的转矩和功率。底盘测功机能够完成的试验有动力性能试验、经济性能试验、汽车排放试验、模拟爬坡试验、牵引性能试验、滑行试验。

还可与尾气五气分析仪、透射式烟度计、发动机转速计、计算机自控系统组成一个综合测量系统，以测量不同工况下的汽车尾气排放。可以通过试验，判断发动机工作状态、制动性能等动态技术状况。底盘测功机如图 2-8 所示。

底盘测功机的机械部分结构示意图如图 2-9 所示。

从图中可知，其测量装置包括测力装置、测速装置、测距装置和功率指示装置。因为电涡流测功器不能直接测出汽车驱动车轮的输出功率值，它需要测出旋转运动时的转速与转矩，或直线运动时的速度。

图 2-8　底盘测功机

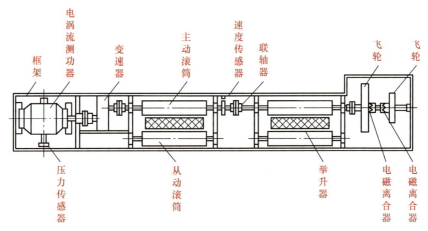

图 2-9　底盘测功机机械部分结构示意图

其测量原理是当汽车驱动车轮带动测功机滚筒及电涡流制动器转子旋转时，由于磁通密度发生变化，使转子表面产生电涡流，该电涡流与磁场相互作用产生反向制动力矩，使定子绕主轴轴线摆动。该制动力矩通过杠杆传递给压力传感器，由压力传感器给出相应的电信号，经处理后则可显示出瞬时驱动力值。与此同时，底盘测功机的速度传感器给出电信号，经处理可显示瞬时的速度值，经计算机计算则可得出瞬时的功率值。

3. 常用工具

在检测车辆技术状况时，一般都是在室外进行，本节主要介绍常用的随身检测工具，如漆膜厚度仪、解码器、油液检测仪器、蓄电池检测仪器、内窥镜摄像机等。

（1）漆膜厚度仪

漆膜厚度仪又称漆面检测仪或涂层测厚仪，是用来检测漆面厚度的专业仪器。它可无损地测量磁性金属基体（如钢、铁、合金和硬磁性钢等）上非磁性涂层的厚度（如铝、铬、铜、珐琅、橡胶、油漆等）及非磁性金属基体（如铜、铝、锌、锡等）上非导电覆层的厚度（如珐琅、橡胶、油漆、塑料等），如图 2-10 所示。

磁性测厚法适用于导磁材料上的非导磁层厚度测量，导磁材料一般为钢、铁、银、镍,此种方法测量精度高。

涡流测厚法适用于导电金属上的非导电层厚度测量,此种方法较磁性测厚法精度低。

超声波测厚法测量涂镀层厚度的应用较少,国外个别厂家有这样的仪器,适用于多层涂镀层厚度的测量或以上两种方法都无法测量的场合,但一般价格昂贵,且测量精度不高。

使用漆膜厚度仪可以通过漆面厚度的变化,来判断是否重新做过漆,然后通过不同部位的做漆情况,找到车身受损点。目前磁性测厚法设备精度普遍能达到±1μm。

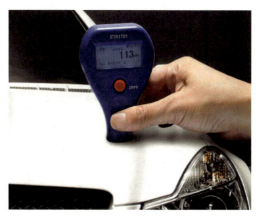

图 2-10　漆膜厚度仪

（2）解码器

随着汽车技术的发展,越来越多的电子控制系统开始在汽车上使用,如发动机电控系统、电控自动变速器、ABS、ESP、SRS、巡航控制等,电子产品占整车成本比例越来越高。

然而,汽车控制系统的电子化,给汽车的检测、诊断、维修工作带来了困难。现代电喷车都提供故障自诊断功能,电子控制单元会将车辆行驶运转中各部件的反馈进行记录,当部分故障持续发生时,ECU 就会判断这部分电路有故障,并以统一的编号方式进行记录,以便维修人员读取。然而,要使用自诊断系统的诸多功能,如读取故障码与动态数据流,必须通过解码器才能实现。

解码器是汽车维修中非常重要的工具,一般具有如下几项或全部的功能:①读取故障码,②清除故障码,③读取发动机动态数据流,④元件动作测试,⑤匹配、设定和编码等。

解码器能与汽车电控单元（ECU）直接进行通信,其软件兼容多种车型 ECU 及其控制系统的检测程序和数据资料,并配有各种专用的检测插头。解码器通过 OBD Ⅰ/Ⅱ接口,在一定协议支持下与汽车电控单元进行各种信息的交流,从而获得汽车电控系统的重要工作参数。解码器和各种接口如图 2-11 所示。

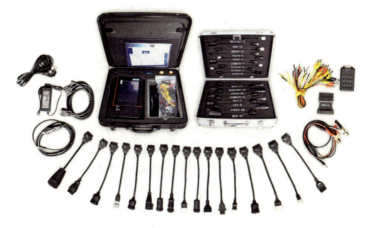

图 2-11　解码器和各种接口

解码器的工作原理如图 2-12 所示。

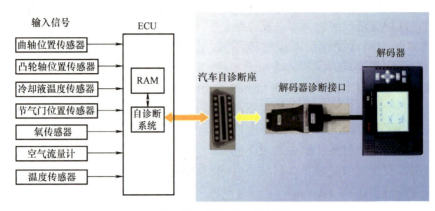

图 2-12　解码器工作原理

不同车型、车系，汽车自诊断接口位置不同，连接方式不同，数据读取方式不同，也就需要不同的连接接口，才能正常进行读写，如图 2-13 所示。

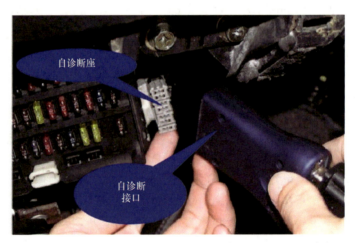

图 2-13　解码器接口

（3）制动液测水仪

汽车制动系统工作时，卡钳温度会升高，热量会传递到制动轮缸上。制动液本身是传递主缸制动压力的，本质是液压油，如果温度过高会导致制动液沸腾，产生大量气泡，由于气体压缩比例大，造成制动性能下降，甚至导致制动失灵。而制动液的沸点通常都与含水率相关。

制动液测水仪（笔）是根据电导率的变化来测定制动液的水分变化的。目前常用的制动液测水仪（笔）分三类：用于定性分析含水量的制动液检测笔、用于定量分析含水量的制动液检测仪、测量沸点的制动液安全检测仪。下面简述常用定性分析含水量的制动液检测笔的使用方法，如图 2-14 所示。

制动液检测笔上有 3 个 LED，分别为绿色、黄色和红色。将检测笔 2 个针式探头插入制动液内 2s 以上，读取指示灯即可。定性制动液检测笔显示颜色如图 2-15 所示。

第 2 章 二手车技术状况鉴定入门

图 2-14 定性制动液检测笔　　图 2-15 定性制动液检测笔显示颜色

红色:制动液中含水量至少为4%
红色:制动液中含水量约3%
黄色:制动液中含水量低于2%
黄色:制动液中含水量低于1%
绿色:制动液中不含水

4%: 需立刻更换制动液
3%: 建议更换制动液
2%: 制动液可继续使用
1%: 制动液性能良好,可放心使用

（4）防冻液冰点测试仪

汽车防冻液基本成分为乙二醇和水，无论是乙二醇还是水，对金属都有一定的腐蚀性，需要在防冻液中加入防腐剂。随着使用时间的延长，乙二醇会逐渐被氧化，防腐剂也不断被消耗掉；当防冻液质量下降到一定程度后，冷却系统就会出现杂质或达不到防冻要求。因此，对于汽车检测，防冻液检测是必检项。

汽车防冻液冰点检测仪又称冰点测试仪，是按照 GB/T 2430—2008《航空燃料冰点测定法》、SH/T 0090—1991（2000）《发动机冷却液冰点测定法》的规定设计制造的，可分别用于航空燃料、发动机冷却液及其浓缩液冰点等指标的测定。

防冻液冰点测试仪是测量防冻液冰点的精密光学仪器，其基本原理是应用全反射临界角法测量溶液的折射率，进而标定出所测液体的浓度及其性能。防冻液冰点测试仪如图 2-16 所示。

其使用方法：

1）将检测棱镜对准光亮方向，调节目镜视度调节手轮，直到视野内标线清晰为止。

2）取液测量：用柔软绒布擦净棱镜座表面及盖板，掀开盖板，取两三滴被测溶液滴于检测棱镜上，盖上盖板，里面不要有气泡，然后通过目镜，读取蓝白分界线的相对刻度，即为被测液体的测量值。中间列蓝白分界线对应的防冻液冰点值，如图 2-17 所示。

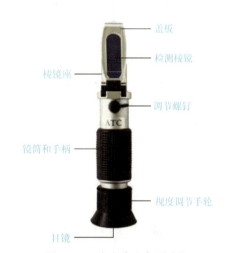

图 2-16 防冻液冰点测试仪

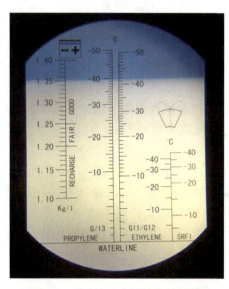

图 2-17 防冻液冰点测试仪的测量值

123

3）测量完毕后，直接用潮湿绒布擦干净棱镜表面及盖板上的附着物，待干燥后，妥善保存起来。

（5）汽车蓄电池测试仪

汽车蓄电池最直接的作用就是起动发动机，若是起动容量不足，则起动机无法带动发动机运转，造成汽车无法起动。而蓄电池从汽车出厂以后，会随着时间逐渐老化。随着极板的老化和硫化物的产生，蓄电池不能进行有效的化学反应，这是蓄电池不能继续使用的主要原因。这时，蓄电池的内阻会增大。极板老化越严重，内阻越大。通过精确测量内阻值，就可以确定其寿命。蓄电池测试仪能较好地检测出蓄电池的起动容量，从而判断蓄电池能否正常使用。

汽车蓄电池测试仪通常有传统测试和电导仪测试两种方法。

传统测试原理判定电池健康状况的办法就是放电，通过放电来检测电池目前的实际容量，从而判定电池的健康状况。对于汽车蓄电池来说，国际电池协会（BCI）规定，在常温下以 1/2 的额定冷起动电流值进行放电 15s，如果电池电压为 9.6V 以上，则通过了放电实验，是一个健康的电池。

电导仪测试原理是通过测量极板表面的情况，判定其化学反应能力，并通过极板的变化来推断汽车蓄电池容量的变化，从而判定汽车蓄电池的健康状况。电导仪所进行的测试工作就是以汽车蓄电池目前测得的实际电导值与汽车蓄电池完好时的标准电导值进行比较，如果差异大到一定程度，就可以判定该蓄电池需要更换了。

对比以上两种方法，电导测试法不产生热量，不会对蓄电池造成损坏，可以连续多次测量，目前大部分蓄电池测试仪都采用电导测试法。电导仪如图 2-18 所示。

根据蓄电池的检测情况，有"电池良好""电池良好，请充电""请更换电池""坏格电池，请更换电池""请充电后再测试"五个状态。

目前蓄电池检测仪基本都可以做到全自动检测，只需要按照操作说明，接好正负极连接线，就能检测出蓄电池的健康状况。部分蓄电池检测仪还可以进行汽车起动系统检测和充电系统检测。

图 2-18　电导仪

（6）红外测温仪

在汽车检测过程中，需要测温的检测比较多，温度跨度大，且不能拆解部件过多，如空调口、废气排气系统和发动机缸体等。非接触式红外测温仪是必备的工具之一，如图 2-19 所示。

其工作原理是通过接收物体发出的红外线（红外辐射），从判断物体温度。使用时需要注意，只能测量表面温度，不能通过玻璃测温。

（7）气缸压力表

发动机的气缸压力反映了气缸的密封性，是发动机的动力性能指标之一。缸压不达标将会导致混合气燃烧不良、燃料消耗上升、功率下降、发动机起动困难、汽车动力性能下降等严重问题。气缸压力表检测气缸压缩压力,具备仪表轻便、实用性强和价格便宜的优势,是汽车发动机常用的检测工具之一。气缸压力表由表头、导管、单向阀和插头组成,如图 2-20 所示。

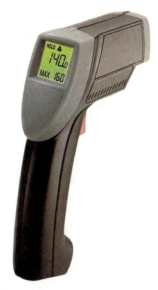

图 2-19 非接触式红外测温仪

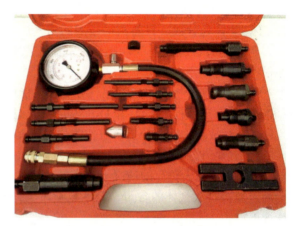

图 2-20 气缸压力表

通过检测气缸压力,可以诊断气缸、活塞组密封情况,活塞环、气门、缸垫等密闭性是否良好,以及气门间隙调整是否适当等。汽油机气缸压力应不低于原厂规定值 10%;柴油机气缸压力不得低于原厂标准值 20%。同时要保证发动机平稳运转,各气缸之间压力差汽油机不得超过 10%,柴油机不得超过 8%。

由于压力表检测时需要拆装节气门和火花塞等发动机附属部件,应在有经验工作人员的指导下进行,检测流程如下:

1)起动发动机进行预热,至冷却液温度达到 90℃后熄火。
2)断开燃油泵电路后释放燃油压力。
3)起动发动机至油路中无油直至自然熄火,从而排清剩油。
4)清洁火花塞附近污物后卸下火花塞。
5)卸下节气门之前的进气软管,从而可以全量进气。
6)断开点电源线圈电源线插头。
7)连接气缸压力表。
8)在节气门全开状态下起动车辆 3~5s,观察压力表的数值,取三次测量结果的平均值。
9)依次测量其他气缸的缸压。

特别提醒:不能在冷车情况下测量缸压,一定要断掉油泵供油,测试前蓄电池一定要充满电,不要使发动机起动运转时间过长。

(8)汽车尾气分析仪

汽车排放的尾气中含有 CO、HC、NO_x、CO_2 等有害气体以及部分微颗粒,是城市大气污染的一个主要来源,同时也危害人们的身体健康。

汽车排放的气体，都分别具备能吸收一定波长范围红外线的性质。汽车尾气分析仪就是利用不分光红外线分析法这一原理，即根据检测被汽车排气吸收一定波长范围红外线后能量的变化，来检测排气中各种污染物的含量，这种检测方法具有测量值不受各种气体混在一起的影响的优点。汽车尾气分析仪如图 2-21 所示。

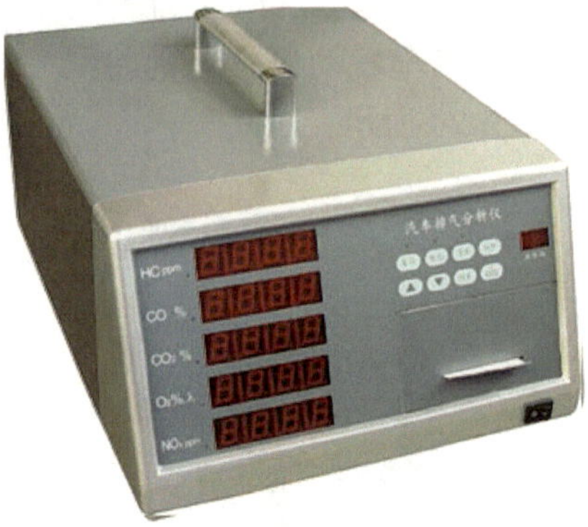

汽车尾气分析仪有两气、四气和五气等多种类型。

1）两气尾气分析仪。用来检测汽车尾气排放中 CO 和 HC 的体积分数。目前国内所用的两气尾气分析仪大多都不具有自检泄漏的功能，因此采集数据的真实性很难保证。

2）四气尾气分析仪。四气尾气分析仪除能够检测 CO 和 HC 外，还能检测 CO_2 和 O_2、发动机油温、转速等，以及计算过量空气系数和空燃比，还能进行故障诊断和分析，可作为诊断工具。

图 2-21　汽车尾气分析仪

3）五气尾气分析仪。当 CO 和 HC 降低时，可能会引起尾气中的 NO_x 浓度升高，而且 NO_x 常常是在高温大负荷的情况下产生的，五气尾气分析仪能够监测 NO_x 的浓度。

通过监控排放气体的含量，判断电喷车电控系统、燃烧系统、催化转化系统等工作状态是否正常。

CO_2：越高越好，表明燃烧效果好。

CO：与混合比有关，汽油燃烧越不完全，浓度越高。

HC：与混合比和点火有关，HC 表示未燃烧的汽油，越高，说明燃烧不完全。

O_2：表示有多余的空气，说明混合比有问题。

（9）胎纹胎压监测仪

汽车轮胎直接关系到车辆安全，因此是必检项目。轮胎的使用情况也能反映车辆的使用程度。胎压过低、胎纹磨损过度、偏磨损都会影响车况。

检测轮胎胎压和胎纹深度的时候，同时要检查轮胎老化程度、轮胎生产日期，这些都是检测中必须做的，如图 2-22、图 2-23 所示。

图 2-22　测量轮胎纵向花纹深度

图 2-23　测量轮胎压力

（10）汽车内窥镜

检测发动机舱时，发动机后部、纵梁下部都会受到发动机罩或者部分发动机附属部件的遮挡，在检查气缸内部、缸体磨损程度，但不能拆解发动机时，需要汽车内窥镜设备辅助查验车辆，如图 2-24 所示。

汽车内窥镜可弯曲地插入管到达需要检查的任何隐蔽部位，设备本身小巧、便携、可移动，可以很好地减轻工作强度。汽车内窥镜检测部位如图 2-25 所示。

图 2-24　内窥镜

（11）制动片检测尺

制动片的磨损情况也能反映车辆的使用程度，通过检测制动片厚度，结合轮胎更换或者磨损程度，可以判断车辆日常使用环境，如图 2-26~ 图 2-28 所示。

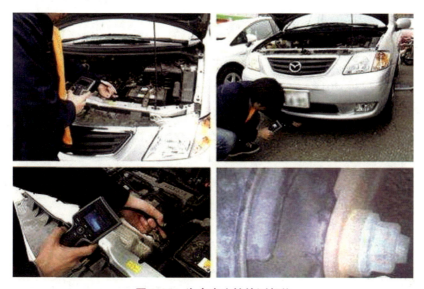

图 2-25　汽车内窥镜检测部位

（12）汽车听诊器

汽车听诊器主要应用于发动机检测，它由普通医用听诊器、探针和连接胶管组成。有一定维修经验的检测人员，通过听诊器能快速锁定发动机或者变速器异响部位，通过油、水和气的流动声音判断管路是否异常。汽车听诊器如图 2-29 所示。

图 2-26　制动片检测尺

图 2-27　制动片检测尺的测量

图 2-28 制动片检测尺的具体测量部位

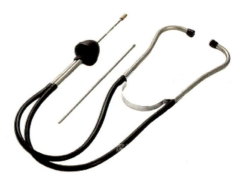
图 2-29 汽车听诊器

二、二手车鉴定评估实操流程

按照 GB/T 30323—2013《二手车鉴定评估技术规范》的规定,二手车鉴定评估程序如图 2-30 所示。

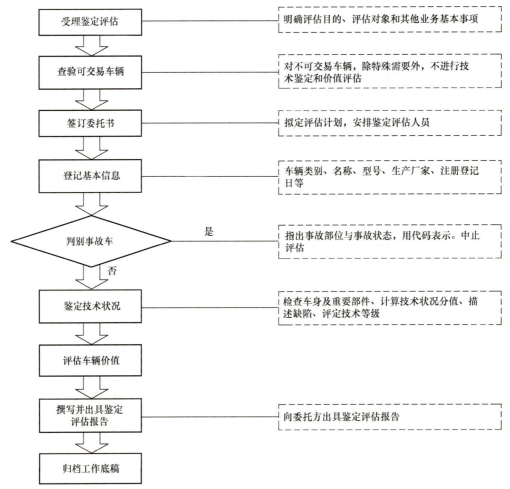

图 2-30 二手车鉴定评估程序

二手车鉴定评估流程在实际业务中，现场查验是不可缺少的步骤。一方面签署协议时，查验证件原件，是直接获得车辆信息和资料的最有效的方法，现场查验能准确、快速地鉴定评估车辆技术状况，提高鉴定评估人员的工作效率；另一方面，规范的查验流程、专业的鉴定人员交流，也给委托人足够的尊重；公正、公开和公平的鉴定评估操作，会给委托人信心，促进业务完成。

二手车鉴定评估中的技术状况鉴定，现场操作分为事故车检查作业流程、静态检查作业流程和动态检查作业流程。在本章节中，我们主要针对前两个环节进行学习，动态检查作业流程是中级二手车鉴定评估师的作业内容。

（一）事故车检查作业流程

车辆发生事故伤到车体结构后，即使正常修复也会损害车辆的技术性能，降低车辆使用寿命，再次发生事故时车体结构无法达到原厂未受损的强度，从而造成重大的人身和财产伤害。但由于车辆在交易以前往往会进行整修、翻新和精洗，给二手车鉴定评估人员造成一定的难度，因此能否判别车辆是否发生过事故对于准确判断车辆技术状况，合理评定车辆价值具有重要意义。

二手车鉴定评估师可以依靠现代化的仪器设备，例如全自动车身电子检测仪和漆膜厚度仪等辅助工具进行检测，但是也要具备以下这些经验，才能更好地进行判断。

1）车身结构部位一旦发生事故修复，对应周边的部件一定会有修复或者拆装痕迹，发现外部覆盖件修复，一定要往结构件上查。

2）车前部发动机舱和车尾行李舱是事故多发部位，如发动机等部件有拆装，一定要看车身结构件是否有修复。

3）车身是中线对称结构，可以对比车身12部件的制造痕迹。

4）对于车身结构有修复的车辆，轮胎定位也会受到影响，检查轮胎是否异常磨损，行驶中是否跑偏、异响和抖动，也可以发现事故修复痕迹。

总而言之，根据我国汽车流通领域的现状，事故车等相关法规和制度还不太完善，有部分重大事故车辆还在不断涌进二手车交易市场，需要二手车鉴定评估人员不断地积累实践经验，继续推进《二手车鉴定评估技术规范》的执行，给二手车交易市场带来新的面貌。

根据 GB/T 30323—2013《二手车鉴定评估技术规范》中有关事故车的规定，车身上12部位受损后车辆缺陷状况是判断事故车的主要依据。事故车车体部位如图 2-31 所示。

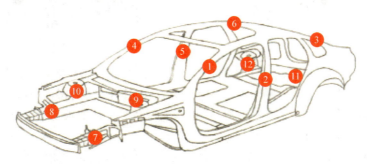

图 2-31　事故车车体部位

1—左A柱　2—左B柱　3—左C柱　4—右A柱　5—右B柱　6—右C柱　7—左纵梁　8—右纵梁
9—左减振器悬架部位　10—右减振器悬架部位　11—左后减振器悬架部位　12—右后减振器悬架部位

车体部位代码见表 2-1。

表 2-1 车体部位代码

序号	检查项目	序号	检查项目
1	车体左右对称性	8	左前纵梁
2	左 A 柱	9	右前纵梁
3	左 B 柱	10	左前减振器悬架部位
4	左 C 柱	11	右前减振器悬架部位
5	右 A 柱	12	左后减振器悬架部位
6	右 B 柱	13	右后减振器悬架部位
7	右 C 柱		

车辆缺陷状态描述对应表见表 2-2。

表 2-2 车辆缺陷状态描述对应表

代表字母	BX	NQ	GH	SH	ZZ
缺陷描述	变形	扭曲	更换	烧焊	褶皱

1. 车辆缺陷状态描述

为了提高检测速度，可使用汉语拼音的两个大写首字母代表其具体含义，二手车鉴定评估师在二手车鉴定评估作业表上进行快速记录，下面分别介绍如下。

1）BX 代表变形，是指车体结构受外力作用而产生体积或者形状的实际改变。如图 2-32 所示。

2）NQ 代表扭曲，是指车体结构受外力作用而发生扭转变形，相对变形而言，扭曲的程度更严重，如图 2-33 所示。

图 2-32 A 柱发生变形

图 2-33 B 柱发生扭曲

3）GH 代表更换，是指由于车体原有结构部分无法使用而替换焊接，如图 2-34 所示。

4）SH 代表烧焊，烧焊又称气焊，是使用乙炔气体作为燃烧源，混合氧气一起从焊枪射出，点燃后焊接金属构件，有些金属极易氧化（如铝），还要加上惰性气体保护，如氩气保护气焊，如图 2-35 所示。

5）ZZ 代表褶皱，是指车体结构因受力而发生一系列波状的弯曲变形，如图 2-36 所示。

以上缺陷状态描述在车身结构发生事故后，有可能同时存在，那么在描述事故车部件缺陷的时候，需要一并写明，如图 2-37 所示。

第2章 二手车技术状况鉴定入门

图 2-34　C 柱进行了更换

图 2-35　C 柱发生了烧焊

图 2-36　C 柱发生了褶皱

图 2-37　纵梁 SH 烧焊，BX 变形

2. 事故车车辆检查步骤

下面以四门三厢轿车为例，详细说明事故车八步检查流程，如图 2-38 所示。

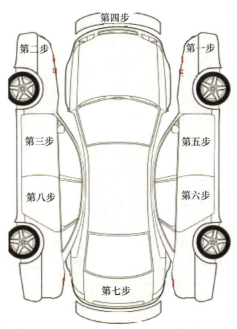

图 2-38　事故车八步检查流程

事故车八步检查流程的检查顺序见表 2-3。

表 2-3　事故车八步检查流程检查顺序

检查顺序	检查部位序号	检查项目
第一步 第二步	1	车体左右对称性
第三步	3、2	左 B 柱、左 A 柱
第四步	8、9、10、11	车头部分（左前纵梁、右前纵梁、左前减振器悬架部位、右前减振器悬架部位）
第五步	5、6	右 A 柱、右 B 柱
第六步	6、7	右 B 柱、右 C 柱
第七步	12、13	车后部（左后减振器悬架部位、右后减振器悬架部位）
第八步	4、3	左 C 柱、左 B 柱
缺陷代码	BX	NQ	GH	SH	ZZ
描述	变形	扭曲	更换	烧焊	褶皱

第一步、第二步：右前方 45° 和左前方 45°

1）检查部位：车体覆盖件、轮胎定位。
2）检查流程：由远（距车前 2m 处 45°）及近（1 步 45°），远观。
3）基本动作：先站后蹲，从下到上，视线与腰线平行。
4）检查方法：目测，大致记录，在检查到具体部件时再仔细鉴定。
5）检查内容及要求见表 2-4。

表 2-4　车体左右对称性检查内容及要求

检查部位序号	检查项目	检查记录	扣分标准
1	车体左右对称性	是否存在五种缺陷描述	直接判断为事故车

6）检查要点：
① 观察车身线条（腰线）是否顺畅。
② 观察各个部件接缝处是否均匀。
③ 查看前后车门、翼子板是否变形，是否有明显修复痕迹，有无色差。
④ 观察轮胎位置与倾斜角度。
观察左、右部件是否对称。
左前 45° 目测腰线是否流畅，如图 2-39 所示。

第三步：左 B 柱、左 A 柱检查

1）检查部位：左 B 柱、左 A 柱。
2）检查流程：开启车门，近看左 B 柱、左 A 柱、车顶和门槛形成的框架范围。
3）基本动作：由左 A 柱与车顶支柱交界处起顺时针一周查看。
4）检查方法：目测。
5）检查内容及要求见表 2-5。
6）检查要点：检查门槛、左 A 柱、左 B 柱有无变形、切割钣金修复及喷涂状况，车门铰链螺栓有无拧动痕迹，封胶、胶条、焊点状况。

图 2-39 左前 45°目测腰线是否流畅

表 2-5 左 A 柱、左 B 柱检查内容及要求

检查部位序号	检查项目	检查记录	扣分标准
2	左 A 柱	是否存在五种缺陷描述	直接判断为事故车
3	左 B 柱	是否存在五种缺陷描述	直接判断为事故车

第四步：车头部分右前纵梁、左前纵梁、右前减振器悬架部位、左前减振器悬架部位

1）检查部位：前纵梁、前减振器悬架部位。

2）检查流程：开启发动机舱盖，近看发动机舱内部情况。

3）基本动作：从发动机舱盖右侧铰链开始逆时针查看发动机舱。

4）检查方法：目测。

5）检查内容及要求见表 2-6。

表 2-6 前纵梁、前减振器悬架部位检查内容及要求

检查部位序号	检查项目	检查记录	扣分标准
8	左前纵梁	是否存在五种缺陷描述	直接判断为事故车
9	右前纵梁	是否存在五种缺陷描述	直接判断为事故车
10	左前减振器悬架部位	是否存在五种缺陷描述	直接判断为事故车
11	右前减振器悬架部位	是否存在五种缺陷描述	直接判断为事故车

6）检查要点：检查纵梁有无变形、切割、吸能孔变形情况，减振器悬架部位螺栓有无拧动、位移痕迹，封胶、焊点状况。

第五步：右 A 柱、右 B 柱检查

1）检查部位：右 A 柱、右 B 柱。

2）检查流程：开启车门，近看右 A 柱、右 B 柱、车顶和门槛形成的框架范围。

3）基本动作：由右 A 柱与车顶支柱交界处起顺时针一周查看。

4）检查方法：目测。

5）检查内容及要求见表2-7。

表2-7 右A柱、右B柱检查内容及要求

检查部位序号	检查项目	检查记录	扣分标准
5	右A柱	是否存在五种缺陷描述	直接判断为事故车
6	右B柱	是否存在五种缺陷描述	直接判断为事故车

6）检查要点：检查门槛、右A柱、右B柱有无变形、切割、钣金修复及喷涂状况，车门铰链螺栓有无拧动痕迹，封胶、胶条、焊点状况。

第六步：右B柱、右C柱检查

1）检查部位：右B柱、右C柱。
2）检查流程：开启车门，近看右B柱、右C柱、车顶和门槛形成的框架范围。
3）基本动作：由右B柱与车顶支柱交界处起顺时针一周查看。
4）检查方法：目测。
5）检查内容及要求见表2-8。

表2-8 右B柱、右C柱检查内容及要求

检查部位序号	检查项目	检查记录	扣分标准
6	右B柱	是否存在五种缺陷描述	直接判断为事故车
7	右C柱	是否存在五种缺陷描述	直接判断为事故车

6）检查要点：检查门槛、右B柱、右C柱有无变形、切割、钣金修复及喷涂状况，车门铰链螺栓有无拧动痕迹，封胶、胶条、焊点状况。

第七步：后部检查

1）检查部位：左后减振器悬架部位、右后减振器悬架部位。
2）检查流程：开启行李舱盖，查看左后减振器悬架部位、右后减振器悬架部位情况。
3）基本动作：打开行李舱盖、掀开饰板查看后减振器情况。
4）检查方法：目测。
5）检查内容及要求见表2-9。

表2-9 左后、右后减振器悬架部位检查内容及要求

检查部位序号	检查项目	检查记录	扣分标准
12	左后减振器悬架部位	是否存在五种缺陷描述	直接判断为事故车
13	右后减振器悬架部位	是否存在五种缺陷描述	直接判断为事故车

6）检查要点：检查减振器悬架部位螺栓有无拧动、位移痕迹，封胶、焊点状况，是否存在变形、切割焊接痕迹。

第八步：左C柱、左B柱检查

1）检查部位：左C柱、左B柱。
2）检查流程：开启车门，近看左C柱、左B柱、车顶和门槛形成的框架范围。
3）基本动作：由左B柱与车顶支柱交界处起顺时针一周查看。
4）检查方法：目测。
5）检查内容及要求见表2-10。

表 2-10　左 B 柱、左 C 柱检查内容及要求

检查部位序号	检查项目	检查记录	扣分标准
3	左 B 柱	是否存在五种缺陷描述	直接判断为事故车
4	左 C 柱	是否存在五种缺陷描述	直接判断为事故车

6）检查要点：检查门槛、左 B 柱、左 C 柱有无变形、切割、钣金修复及喷涂状况，车门铰链螺栓有无拧动痕迹，封胶、胶条、焊点状况。

（二）静态检查作业流程

静态检查主要包括车身、发动机舱、驾驶舱、起动、底盘以及功能性零部件的检查。其中根据 GB/T 30323—2013《二手车鉴定评估技术规范》中 6.1 车身检查要求，车身覆盖件需要做六个状态（划痕、变形、锈蚀、裂纹、凹陷、修复痕迹）、三个程度的检查鉴定，这三个程度具体来讲是指：程度 1 表示面积小于等于 100mm×100mm；程度 2 表示面积大于 100mm×100mm 并小于等于 200mm×300mm；程度 3 表示面积大于 200mm×300mm。发动机舱部位需要做三个程度的检查鉴定：无、轻微、严重。而其他部位一般只需要做有或无的检查鉴定，功能性零部件以及未提到的部位只做缺陷描述，不计分。

按照实际检查的过程及数据采集的要求，静态检查可以分为 13 个步骤，要求按照顺时针方向，绕车一周后完成所有项目的检查过程。下面以 4 门轿车为例，详细说明静态检查的 13 个步骤。如图 2-40 所示。

第一步：驾驶舱

检查部位：前仪表台、转向盘、反光镜开关、遮阳板、变速杆及防尘套、车顶内饰、车窗、天窗、中控门锁、仪表板、照明系统、空调系统、刮水器及开关、转向灯开关、娱乐系统、导航系统、倒车辅助系统、助力转向系统、制动系统。

1）检查流程：进入车内、起动车辆。
2）基本动作：从左到右，从上到下，由近及远。
3）检查方法：目测、耳听、手摸，必要时请维修技师支持。
4）检查内容及要求见表 2-11。

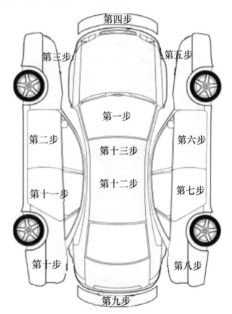

图 2-40　静态检查 13 步作业流程

表 2-11　驾驶舱检测项目

序号	检查项目	作业表位置	检测记录	扣分标准
50	车内是否无水泡痕迹	驾驶舱第 1 项	A 是 C 否	选 C 扣 1.5 分
51	车内后视镜、座椅是否完整、无破损、功能正常	驾驶舱第 2 项	A 是 C 否	选 C 扣 0.5 分
52	车内是否整洁、无异味	驾驶舱第 3 项	A 是 C 否	选 C 扣 0.5 分
53	转向盘自由行程转角是否小于 15°	驾驶舱第 4 项	A 是 C 否	选 C 扣 1.0 分
54	车顶及周边内饰是否无破损、松动及裂缝和污迹	驾驶舱第 5 项	A 是 C 否	选 C 扣 1.0 分
55	仪表台是否无划痕，配件是否无缺失	驾驶舱第 6 项	A 是 C 否	选 C 扣 1.0 分

（续）

序号	检查项目	作业表位置	检测记录	扣分标准
56	变速杆及护罩是否完好、无破损	驾驶舱第7项	A是 C否	选C扣1.0分
57	储物盒是否无裂痕，配件是否无缺失	驾驶舱第8项	A是 C否	选C扣1.0分
58	天窗是否移动灵活、关闭正常	驾驶舱第9项	A是 C否	选C扣1.0分
59	门窗密封条是否良好、无老化	驾驶舱第10项	A是 C否	选C扣1.0分
60	安全带结构是否完整、功能是否正常	驾驶舱第11项	A是 C否	选C扣1.0分
61	安全带结构是否完整、功能是否正常	驾驶舱第12项	A是 C否	选C扣1.0分
62	玻璃窗升降器、门窗工作是否正常	驾驶舱第13项	A是 C否	选C扣1.0分
63	左、右后视镜折叠装置工作是否正常	驾驶舱第14项	A是 C否	选C扣1.0分
64	其他	驾驶舱第15项	只描述缺陷，不扣分	
65	车辆起动是否顺畅（时间不于5s，或一次起动）	起动检查第1项	A是 C否	选C扣2.0分
66	仪表板指示灯显示是否正常，无故障报警	起动检查第2项	A是 C否	选C扣2.0分
67	各类灯光和调节功能是否正常	起动检查第3项	A是 C否	选C扣1.0分
68	泊车辅助系统工作是否正常	起动检查第4项	A是 C否	选C扣0.5分
69	防抱死制动系统（ABS）工作是否正常	起动检查第5项	A是 C否	选C扣0.5分
70	空调系统风量、方向调节、分区控制、自动控制、制冷工作是否正常	起动检查第6项	A是 C否	选C扣0.5分
71	发动机在冷、热车条件下怠速运转是否稳定	起动检查第7项	A是 C否	选C扣0.5分
72	怠速运转时发动机是否无异响，空档状态下逐渐增加发动机转速，发动机声音过渡是否无异响	起动检查第8项	A是 C否	选C扣10.0分
73	车辆排气是否无异常	起动检查第9项	只描述缺陷，不扣分	
增补项目	驻车制动系统结构是否完整	起动检查第10项	只描述缺陷，不扣分	
74	其他	起动检查第11项	只描述缺陷，不扣分	
96	各车门锁止	功能性零部件第5项	只描述缺陷，不扣分	
97	前后刮水器	功能性零部件第6、7项	只描述缺陷，不扣分	
101	车内后视镜	功能性零部件第11项	只描述缺陷，不扣分	
102	座椅调节及加热	功能性零部件第12项	只描述缺陷，不扣分	
103	仪表板出风管道	功能性零部件第13项	只描述缺陷，不扣分	
104	中央集控	功能性零部件第14项	只描述缺陷，不扣分	
110	全套钥匙	功能性零部件第20项	只描述缺陷，不扣分	
111	遥控器及功能	功能性零部件第21项	只描述缺陷，不扣分	
112	喇叭高低音色	功能性零部件第22项	只描述缺陷，不扣分	
113	玻璃加热功能	功能性零部件第23项	只描述缺陷，不扣分	

5）检查要点：

① 驾驶人座位因为使用频率最高，要注意此座位外边缘有无磨损、破裂等现象，如检查对象为两门车型或单厢车型，此步骤中对后排座位状况的检查不能遗漏。

② 查看各仪表工作状态时应记录车速里程表显示的行驶里程。

③ 如有各类警告灯长时间不灭的现象，则应判断原因并在技术状况缺陷描述中予以注明；观察转速表有无怠速状态下的异常现象，化油器车辆可通过调节阻风门或等发动机到正常工作温度后再观察，如有异常，怀疑发动机可能有故障，则应分析具体原因。

④ 注意听发动机起动时有无异响、开启空调时有无异响，后排有空调或有天窗的车辆须分别检查。

⑤ 注意观察气囊装置表面与周边有无色差，气囊是否存在被更换的可能，如果气囊被更换则该车极有可能存在事故情况，要通过检查车身其他部位来确认。

⑥ 安全带结构不完整或者功能不正常，应在技术缺陷描述中予以注明，并提示修复或更换前不宜使用。

⑦ 车辆排气状况的检查可以在下车后单独观察或协同维修技师一起完成。

第二步：左前车门及左A柱

1）检查部位：左前车门、玻璃、内饰板、左A柱、左后视镜。
2）检查流程：距车一步近观，探身进入车内操作，拉开发动机舱盖开关、行李舱开关。
3）基本动作：站立、半蹲，从上到下，由外到内。
4）检查方法：目测、手摸、工具检测。

工具：手电筒。

5）检查内容及要求见表2-12。

表2-12 左前车门及左A柱检测项目

序号	检查项目	作业表位置	检测记录	扣分标准
19	左前车门	车身检查第6项	是否存在六种缺陷描述情况	根据程度相应扣分
25	车顶	车身检查第12项		
36	四门风窗玻璃	车身检查第23项		
37	左后视镜	车身检查第24项		
98	立柱密封胶条	功能性零部件第8项	只描述缺陷，不扣分	

6）检查要点：

① 检查门框、门槛、门外板有否变形及喷涂状况，车门饰板、车门铰链螺栓有无拧动痕迹，封胶、胶条、焊点状况，车窗玻璃是否原装。

② 查看密封胶条时由车窗下前角起逆时针一周，检查框架时由前支柱与车顶支柱交界处起顺时针一周。

③ 检查A柱有否变形、切割及喷涂痕迹，后视镜有否损伤及修补痕迹。

④ 检查门窗升降器开关状况、安全带功能是否异常，及内饰清洁状况。

第三步：左前翼子板

1）检查部位：左前翼子板、左前轮胎、左前轮毂。
2）检查流程：距车一步近观。
3）基本动作：站立、半蹲，从上到下，从外到内。
4）检查方法：目测、工具检测。

工具：手电筒、漆膜仪、胎纹尺、胎压表。

5）检查内容及要求见表2-13。

表2-13 左前翼子板检测项目

序号	检查项目	作业表位置	检测记录	扣分标准
15	左前翼子板	车身检查第2项	是否存在六种缺陷描述情况	根据程度相应扣分
28	左前轮	车身检查第15项		
39	轮胎	车身检查第25项		
100	车轮轮毂	功能性零部件第10项	只描述缺陷，不扣分	

6）检查要点：

① 翼子板钣金损伤、喷涂状况，与保险杠、前照灯、前车门接合处接缝状况。

② 通过胎纹尺测量轮胎磨耗情况，观察是否有裂纹，查看轮毂材质、损伤情况。

第四步：车辆前部

1）检查部位：前风窗玻璃、前照灯、发动机舱盖、车顶、保险杠、中网、机舱、发动机外观、散热器框架、前内侧板纵梁、减振器上座、防火墙。

2）检查流程：距车一步，掀开机盖，欠身近观，检查机械性能、电子电器性能、油液。

3）基本动作：站立从上到下、从左到右、由近及远、微欠身。

4）检查方法：手摸、目测、工具检测。

工具：手电筒、小镜子、漆面厚度检测仪。

5）检查内容及要求见表2-14。

表2-14 车辆前部检测项目

序号	检查项目	作业表位置	检测记录	扣分标准
14	发动机舱盖表面	车身检查第1项	是否存在六种缺陷描述情况	根据程度相应扣分
26	前保险杠	车身检查第13项		
32	前照灯	车身检查第19项		
34	前风窗玻璃	车身检查第21项		
40	机油有无冷却液混入	发动机舱检查第1项	A 无 B 轻微 C 严重	B、C扣15分
41	缸盖外是否有机油渗漏	发动机舱检查第2项	A 无 B 轻微 C 严重	B、C扣15分
42	前翼子板内缘、散热器框架、横拉梁有无凹凸或修复痕迹	发动机舱检查第3项	A 无 B 轻微 C 严重	B扣1.5分、C扣3分
	横拉梁有无凹凸或修复痕迹	发动机舱检查第4项	A 无 B 轻微 C 严重	B扣1.5分、C扣3分
43	散热器格栅有无破损	发动机舱检查第5项	A 无 B 轻微 C 严重	B扣1.5分、C扣3分
44	蓄电池电极桩柱有无腐蚀	发动机舱检查第6项	A 无 B 轻微 C 严重	B扣1.5分、C扣3分
45	蓄电池电解液有无渗漏、缺少	发动机舱检查第7项	A 无 B 轻微 C 严重	B扣1.5分、C扣3分
46	发动机传动带有无老化	发动机舱检查第8项	A 无 B 轻微 C 严重	B扣1.5分、C扣3分
47	油管、水管有无老化、裂痕	发动机舱检查第9项	A 无 B 轻微 C 严重	B扣1.5分、C扣3分

（续）

序号	检查项目	作业表位置	检测记录	扣分标准
48	线束有无老化、破损	发动机舱检查第10项	A 无 B 轻微 C 严重	B 扣 1.5 分、C 扣 3 分
49	其他	发动机舱检查第11项	A 无 B 轻微 C 严重	B 扣 1.5 分、C 扣 3 分
93	发动机舱盖锁止	功能性零部件第1项	只描述缺陷，不扣分	
94	发动机舱盖液压撑杆	功能性零部件第2项	只描述缺陷，不扣分	

6）检查要点：

① 前照灯、前风窗玻璃是否损伤，前保险杠和中网状况。

② 发动机舱盖是否更换，封胶、焊点、铰链螺栓、表面喷涂。

③ 隔音板是否更换、拆装、新旧程度，是否泡水、过火，刮水器喷嘴及水管的状况。

④ 注意发动机舱盖表面是否有波纹状，发动机舱盖与前脸、前翼子板之间缝隙是否均匀。

⑤ 鉴定 VIN 和发动机号，注意有无号码不一致情况，铭牌有无缺损及位置移动现象，车架号周边有无切割痕迹，如有上述现象，怀疑可能为事故车或拼接车。

⑥ 左右内侧板、防火墙、左右减振器支架、散热器支架有否损伤、修复及修复程度。

⑦ 散热器、发动机缸体、缸盖有否损伤、变形，是否更换，发动机运转是否平稳，有无异响及异响的部位，进排气支管与缸盖接合处是否串气，转向机、半轴是否漏油，空调制冷状况，ABS 泵完好程度，油液数量和质量。

注：如检查第 40 项时发现机油中有冷却液混入，检查第 41 项时发现缸盖外有机油渗漏，则应在技术状况缺陷描述中分别予以注明，并提示修复前不宜使用（检查项目中加粗项目）。

第五步：右前翼子板

1）检查部位：右前翼子板，右前轮胎，右前轮毂。

2）检查流程：距车一步近观。

3）基本动作：站立半蹲，从上到下，从外到内。

4）检查方法：目测、工具检测。

工具：手电筒、胎纹尺。

5）检查内容及要求见表 2-15。

表 2-15 右前翼子板检测项目

序号	检查项目	作业表位置	检测记录	扣分标准
17	右前翼子板	车身检查第4项	是否存在六种缺陷描述情况	根据程度相应扣分
30	右前轮	车身检查第17项		
39	轮胎	车身检查第26项		
100	车轮轮毂	功能性零部件第10项	只描述缺陷，不扣分	

6）检查要点：

① 翼子板钣金损伤、喷涂状况，与保险杠、前照灯、前车门接合处接缝状况。

② 通过胎纹尺测量轮胎磨耗情况，观察是否有裂纹，查看轮毂材质、损伤情况。

第六步：右前车门及右A柱

1）检查部位：右前车门、玻璃、内饰板、右A柱、右后视镜。
2）检查流程：距车一步近观，探身进入车内操作。
3）基本动作：站立半蹲，从上到下，由外到内。
4）检查方法：目测、手摸、工具检测。
工具：漆膜仪、手电筒。
5）检查内容及要求见表2-16。

表2-16 右前车门及右A柱检测项目

序号	检查项目	作业表位置	检测记录	扣分标准
20	右前车门	车身检查第7项	是否存在六种缺陷描述情况	根据程度相应扣分
25	车顶	车身检查第17项		
36	四门风窗玻璃	车身检查第23项		
38	左后视镜	车身检查第24项		
98	立柱密封胶条	功能性零部件第8项	只描述缺陷，不扣分	

6）检查要点：
① 检查门框、门槛、门外板有否变形及喷涂状况，车门饰板、车门铰链螺栓有无拧动痕迹，封胶、胶条、焊点状况，车窗玻璃是否原装。
② 查看密封胶条时由车窗下前角起逆时针一周，检查框架时由前支柱与车顶支柱交界处起顺时针一周。
③ 检查A柱有否变形、切割及喷涂痕迹，后视镜有否损伤及修补痕迹。
④ 检查门窗升降器开关状况、安全带功能是否异常，及内饰清洁状况。

第七步：右后车门及右B柱

1）检查部位：右后车门、玻璃、内饰板、右B柱。
2）检查流程：距车一步近观，探身进入车内操作。
3）基本动作：站立、半蹲，从上到下，由外到内。
4）检查方法：目测、手摸、工具检测。
工具：漆膜仪、手电筒。
5）检查内容及要求见表2-17。

表2-17 右后车门及右B柱检测项目

序号	检查项目	作业表位置	检测记录	扣分标准
20	右后车门	车身检查第9项	是否存在六种缺陷描述情况	根据程度相应扣分
25	车顶	车身检查第17项		
36	四门风窗玻璃	车身检查第23项		
98	立柱密封胶条	功能性零部件第8项	只描述缺陷，不扣分	

6）检查要点：
① 检查门框、门槛、门外板有否变形及喷涂状况，车门饰板、车门铰链螺栓有无拧动痕迹，封胶、胶条、焊点状况，车窗玻璃是否原装。
② 查看密封胶条时由车窗下前角起逆时针一周，检查框架时由前支柱与车顶支柱交界处起顺时针一周。
③ 检查B柱有否变形、切割及喷涂痕迹，后视镜有否损伤及修补痕迹。

④ 检查门窗升降器开关状况、安全带功能是否异常，及内饰清洁状况。

第八步：右后翼子板及右 C 柱

1）检查部位：右后翼子板、右后轮胎、右后轮毂、右 C 柱。

2）检查流程：距车一步近观。

3）基本动作：站立半蹲，从上到下，从外到内。

4）检查方法：目测、工具检测。

工具：手电筒、胎纹尺。

5）检查内容及要求见表 2-18。

表 2-18　右后翼子板及右 C 柱检测项目

序号	检查项目	作业表位置	检测记录	扣分标准
18	右后翼子板	车身检查第 5 项	是否存在六种缺陷描述情况	根据程度相应扣分
31	右后轮	车身检查第 18 项		
39	轮胎	车身检查第 26 项		
100	车轮轮毂	功能性零部件第 10 项	只描述缺陷，不扣分	

6）检查要点：

① 翼子板钣金损伤、喷涂状况，与保险杠、前照灯、后车门接合处接缝状况。

② 通过胎纹尺测量轮胎磨耗情况，观察是否有裂纹，查看轮毂材质、损伤情况。

③ C 柱有否变形、切割及喷涂痕迹。

④ 油箱盖接合处（有些车型在左后翼子板）有否钣金、喷涂痕迹。

第九步：车后部

1）检查部位：后保险杠、行李舱盖、后风窗玻璃、后尾灯、后围板、后隔板、备胎、行李舱底板。

2）检查流程：距车一步观察。

3）基本动作：站立、半蹲，从上到下，从前到后，从左到右。

4）检查方法：目测、手摸、工具检测。

工具：漆膜仪、手电筒。

5）检查内容及要求见表 2-19。

表 2-19　车后部检测项目

序号	检查项目	作业表位置	检测记录	扣分标准
23	行李舱盖	车身检查第 10 项	是否存在六种缺陷描述情况	根据程度相应扣分
24	行李舱内则	车身检查第 11 项		
27	后保险杠	车身检查第 14 项		
33	后尾灯	车身检查第 20 项		
35	后风窗玻璃	车身检查第 22 项		
95	后门/行李舱液压支撑杆	功能性零部件第 3、4 项	只描述缺陷，不扣分	
99	排气管及消声器	功能性零部件第 9 项	只描述缺陷，不扣分	
105	备胎	功能性零部件第 15 项	只描述缺陷，不扣分	
106	千斤顶	功能性零部件第 16 项	只描述缺陷，不扣分	
107	轮胎扳手及随车工具	功能性零部件第 17 项	只描述缺陷，不扣分	
108	三角警示牌	功能性零部件第 18 项	只描述缺陷，不扣分	
109	灭火器	功能性零部件第 19 项	只描述缺陷，不扣分	

6）检查要点：

① 查看行李舱盖时沿顺时针一周，从下往上看后侧板与其内板的焊接点有否异常，拉开尾灯后部的遮盖物确认尾灯周围及后侧板内侧的情况。

② 行李舱盖、保险杠总成损伤、变形及喷涂状况，玻璃是否原装，表面色差。

③ 尾灯、泊车辅助系统状况、尾气颜色。

④ 查看备胎宽窄、规格、材质、磨损状况，警示牌必备。

第十步：左后翼子板及左C柱

1）检查部位：左后翼子板、左后轮胎、左后轮毂、左C柱。

2）检查流程：距车一步近观。

3）基本动作：站立、半蹲，从上到下，从外到内。

4）检查方法：目测、工具检测。

工具：漆膜仪、手电筒、胎纹尺。

5）检查内容及要求见表2-20。

表2-20 左后翼子板及左C柱检测项目

序号	检查项目	作业表位置	检测记录	扣分标准
16	左后翼子板	车身检查第3项	是否存在六种缺陷描述情况	根据程度相应扣分
29	左后轮	车身检查第16项		
39	轮胎	车身检查第26项		
100	车轮轮毂	功能性零部件第10项	只描述缺陷，不扣分	

6）检查要点：

① 翼子板钣金损伤、喷涂状况，与保险杠、前照灯、后车门接合处接缝状况。

② 通过胎纹尺测量轮胎磨耗情况，观察是否有裂纹，查看轮毂材质、损伤情况。

③ C柱有否变形、切割及喷涂痕迹。

第十一步：左后车门及左B柱

1）检查部位：左后车门、玻璃、内饰板、左B柱。

2）检查流程：距车一步近观，探身进入车内操作。

3）基本动作：站立、半蹲，从上到下，由外到内。

4）检查方法：目测、手摸、工具检测。

工具：漆膜仪、手电筒。

5）检查内容及要求见表2-21。

表2-21 左后车门及左B柱检测项目

序号	检查项目	作业表位置	检测记录	扣分标准
21	左后车门	车身检查第8项	是否存在六种缺陷描述情况	根据程度相应扣分
25	车顶	车身检查第17项		
36	四门风窗玻璃	车身检查第23项		
98	立柱密封胶条	功能性零部件第8项	只描述缺陷，不扣分	

6）检查要点：

① 检查门框、门槛、门外板有否变形及喷涂状况，车门饰板、车门铰链螺栓有无拧动痕迹，封胶、胶条、焊点状况，车窗玻璃是否原装。

② 查看密封胶条时由车窗下前角起逆时针一周，检查框架时由前支柱与车顶支柱交界处起顺时针一周。

③ 检查 B 柱有否变形、切割及喷涂痕迹。

④ 检查门窗升降器开关状况、安全带功能是否异常，及内饰清洁状况。

第十二步：底盘检查

1）检测部位：发动机、变速器传动轴及万向节、前悬架、后悬架、助力转向系统、车身底边、车身底板、排气系统。

2）检测流程：举升车辆—发动机、变速器下部—传动轴及万向节—车身底板底边—排气系统及三元催化转化器—后制动系统—后悬架—前制动系统—前悬架—助力转向系统—车辆落地。

3）基本动作：站立。

4）检查方法：目测、手摸、工具检测。

工具：内窥镜、手电筒。

5）检查内容及要求见表 2-22。

表 2-22　底盘检测项目

序号	检查项目	作业表位置	检测记录	扣分标准
85	发动机油底壳是否无渗漏	底盘检查第 1 项	A 是 C 否	选 C 扣 4 分
86	变速器箱体是否无渗漏	底盘检查第 2 项	A 是 C 否	选 C 扣 4 分
87	转向节臂球销是否无松动	底盘检查第 3 项	A 是 C 否	选 C 扣 3 分
88	三角臂球销是否无松动	底盘检查第 4 项	A 是 C 否	选 C 扣 3 分
89	传动轴十字轴是否无松动	底盘检查第 5 项	A 是 C 否	选 C 扣 2 分
90	减振器是否无渗漏	底盘检查第 6 项	A 是 C 否	选 C 扣 2 分
91	减振弹簧是否无损坏	底盘检查第 7 项	A 是 C 否	选 C 扣 2 分
92	其他	底盘检查第 8 项	只描述缺陷，不扣分	

第十三步：仪器检测（根据业务需要和相关条件检查）

1）检查部位：读取控制单元故障码。

2）基本动作：手持检测仪，坐于驾驶席。

3）检测方法：正确连接检测仪，使用引导性故障查询。

工具：故障检测仪。

4）检查要点：

① 检查发动机控制单元有无故障码存储。

② 检查自动变速器控制单元有无故障码存储。

③ 检查 ABS 控制单元有无故障码存储。

④ 检查舒适系统控制单元有无故障码存储。

⑤ 检查安全气囊控制单元有无故障码存储。

检查结束后要将检查时拉开的胶条、遮盖物复原，确认发动机舱盖与行李舱盖关闭、车门关闭、天窗关闭、车窗升起；再绕车体一周进行观察确保无遗漏项目。

第 3 节　二手车价值评估基础

一、二手车价值评估基本原理

（一）二手车价值评估的概念

二手车价值估值是二手车鉴定评估的重要工作内容。按照 GB/T 30323—2013《二手车鉴定评估技术规范》的要求，在对被评估的二手车进行技术鉴定之后，就进入了价值估值的环节。

二手车价值评估是指在某一评估时点，依据评估的目的，基于车辆的技术鉴定状况，对被评估的二手车的市场价值进行评定与估算的过程。

在二手车价值评估中定义的某一评估时点，在评估实践中，又称为鉴定评估基准日，具体表示为某年某月某日。鉴定评估日的选择关系到二手车价值的比较基础、评估价值发生时效的时间以及二手车鉴定评估报告归档文件的保存时间等内容，在评估报告中，需要作为一项重要内容予以反映。

二手车价值评估中的"评"体现的是评估工作的科学性、客观性，需要运用一定的理论与方法；二手车价值评估中的"估"体现的是评估工作的经验性、主观性，反映了评估工作实践性的特点。因此二手车价值估值是科学性与经验性的统一、主观性与客观性的统一、理论性与实践性的统一。

（二）二手车价值评估的基本要素

要做好二手车价值评估工作，必须明确二手车价值评估的有关要素构成。二手车价值评估的基本要素是指在二手车鉴定评估工作中，涉及的具体工作构成内容，是二手车鉴定评估报告需要反映与揭示的主要内容。

一般来说，二手车价值评估主要包含以下八个要素。

1. 二手车鉴定评估的主体

二手车鉴定评估的主体是指二手车鉴定评估的具体操作者。由于二手车鉴定评估是一项专业性很强的工作，必须由具备资质的二手车鉴定评估机构和二手车鉴定评估师来承担。同时二手车鉴定评估具有公正性和咨询性的特点，这就要求承担二手车鉴定评估工作的鉴定评估机构和二手车鉴定评估师必须站在第三方角度，对被委托评估的二手车进行鉴定评估。因此作为二手车鉴定评估的主体必须是具备资质的二手车鉴定评估机构和具备资格的二手车鉴定评估师。二手车鉴定评估机构必须按照有关章程，依法设立，二手车鉴定评估师必须经过考核，具有中国汽车流通协会颁发的二手车鉴定评估师资格水平证书。同时，二手车鉴定评估师不可以脱离其所服务的机构，独立地在市场中承揽二手车鉴定评估业务。也就是说，二手车鉴定评估师在提供二手车鉴定评估服务时，必须以其所在的评估机构作为业务承揽机构才有可能成为二手车鉴定评估的主体。

2. 二手车鉴定评估的客体

二手车鉴定评估的客体就是二手车鉴定评估的对象，即被鉴定评估的车辆。作为二手车鉴定评估的客体，必须同时具备两个要件：①被评估的二手车必须具有一定的价值。在评估时已经丧失了交易价值的车辆，不需要进行估值。②二手车的鉴定评估委托人必须具备委托资格，对于不具有委托资格的单位或个人，其委托的车辆，评估机构应认真查验原因，不得无故接受不具备委托资格的车辆的评估。在实务中，一辆车能够成为评估的对象，一般可以参考《二手车流通管理办法》（商务部、公安部、工商总局、税务总局令 2005 年第 2 号）第二十三条的规定，即下列车辆禁止经销、买卖、拍卖和经纪。

1）已报废或者达到国家强制报废标准的车辆。
2）在抵押期间或者未经海关批准交易的海关监管车辆。
3）在人民法院、人民检察院、行政执法部门依法查封、扣押期间的车辆。
4）通过盗窃、抢劫、诈骗等违法犯罪手段获得的车辆。
5）发动机号码、车辆识别代号或者车架号码与登记号码不相符，或者有凿改迹象的车辆。
6）走私、非法拼（组）装的车辆。
7）不具有第二十二条所列证明、凭证的车辆，也就是手续不全的车辆。
8）在本行政辖区以外的公安机关交通管理部门注册登记的车辆。
9）国家法律、行政法规禁止经营的车辆。

二手车交易市场经营者和二手车经营主体发现车辆具有 4）~6）情形之一的，应当及时报告公安机关、工商行政管理部门等执法机关。

对交易违法车辆的，二手车交易市场经营者和二手车经营主体应当承担连带赔偿责任和其他相应的法律责任。

凡是上述规定中不能交易的车辆，同时委托主体又不具备委托资格的二手车车辆，均不能成为二手车鉴定评估的客体。

3. 二手车鉴定评估的目的

二手车鉴定评估的基本目的是为公平的市场交易提供价值参考。二手车市场作为典型的柠檬市场，是一种严重的信息不对称市场。在交易中，消费者或购买人经常处于信息的弱势，导致其利益难以得到充分的保障。交易中的信息不对称现象，往往导致道德风险与逆向选择，严重阻碍了二手车市场的健康发展。为保护消费者的利益，促进二手车市场的健康、稳定发展，二手车鉴定评估机构与二手车鉴定评估师应运而生。可以说二手车鉴定评估机构与二手车鉴定评估师的重要职责就是要揭示与反映二手车的技术状况与价值的信息，促进二手车交易双方的信息对称，二手车评估师以其专业的鉴定与评估服务，有利于促进二手车市场的交易公平，从而有利于二手车市场的健康发展。服务于二手车市场的交易，为二手车的交易提供公平的价值尺度是二手车鉴定评估最为基本的目的。

除了服务于市场交易的基本目的之外，由于二手车评估所服务的具体经济业务的不同，在实际评估中，二手车鉴定评估还有其他一些特殊的任务与目的。

（1）服务于车辆的置换业务

在车辆以旧换新业务中，常常需要对被置换的二手车的价值进行估值，与中介机构的估值不同，这种估值通常只是汽车经销商的二手车部门的二手车专员依据二手车市场行情与被置换的二手车车况等做出的折算价值，以便为其顺利销售新车进行服务。但其估值原理与中介机构的二手车鉴定评估师评估方法基本相同。这种估值往往服务于经营活动，目的是促成新车的销售，与中立的第三方评估所占的角度有着本质上的区别。

（2）服务于车辆的抵押业务

二手车作为自然人或法人的一种资产，本质上具有金融产品属性。也就是当拥有者有融资需求时，可以以其所拥有的二手车作为抵押资产，向银行或其他金融机构进行抵押借款，银行或其他金融机构为控制风险的需要，往往需要委托专门的第三方评估机构对作为抵押品的二手车的价值进行评估，以便作为其确定授信额度的基础。

（3）服务于担保业务

在现代经济关系中，有一种关系是担保关系。担保关系通常是指当二手车的所有者以其所拥有的车辆为他人的融资行为提供担保责任时所产生的关系。此时，二手车所有者在为他人的融资行为提供担保时，二手车所有者有没有担保资格，主要视其二手车的价值有没有超过被担保的融资额而定。发生此类担保业务时，资金出借方为确保资金的安全起见，通常需要委托独立的第三方机构对被担保的二手车的价值进行评估。

（4）司法仲裁、咨询服务

二手车鉴定评估机构可以接受司法仲裁机构、法院等的委托，对涉案的二手车车辆的价值进行鉴定评估，以作为司法裁决、法院判决的依据。这类业务在二手车鉴定评估机构中也是经常遇到的业务之一。

（5）服务于拍卖业务

按照国有资产处置规定，凡是涉及国有资产的拍卖业务，在拍卖之前，必须委托具有资质的评估机构对所拍卖的国有资产进行评估，以便作为确定拍卖底价的依据，这也是防止国有资产流失的把关环节之一。尤其是在近年来的公车改革中，国家机关、国有企事业单位涉及大量二手车的处置业务。这些公车基本上都是通过拍卖进行处置的。按照国有资产管理办法以及拍卖法的有关规定，这些二手车在进行拍卖之前，必须按照一定的程序，委托专业的二手车鉴定评估机构对车辆的技术状况以及市场价值进行评估。

（6）服务于典当业务

在典当业务中，无论是收当环节还是绝当物品的处置环节，当涉及的资产是二手车时，客观上都需要对作为典当物品的二手车的价值进行鉴定评估，以便作为放款或被处置二手车价值大小的参考依据。

（7）其他业务

除了上述几种特殊的目的之外，二手车价值评估还广泛存在于企业价值评估业务、资产产权交易、股权计价等涉及二手车的资产业务中。并且二手车鉴定评估机构作为二手车经营机构，还负有把关环节的义务，通过其专业性的服务，防止各种拼接车、报废车、手续不全的车辆等违法车辆流入市场。

明确二手车鉴定评估的目的，对于科学选择价值评估的方法，具有非常重要的参考意义。

4. 二手车评估的依据

二手车价值评估作为一种公正性与咨询性的服务，必须做到估值有充分的依据，这些依据也是在二手车鉴定评估报告中予以明确的。这是二手车评估公正性与专业性的具体体现之一。一般来说，二手车鉴定评估的依据主要涉及四个方面：评估的法律法规依据、评估的产权依据、评估的经济行为依据和技术鉴定标准等。

二手车鉴定评估的法律法规依据主要有：

1)《中华人民共和国资产评估法》(2016年7月2日第十二届全国人民代表大会常务委员会第二十一次会议通过)。

2)《二手车流通管理办法》(商务部、公安部、工商总局、税务总局令2005年第2号)。

二手车鉴定评估的产权依据主要是机动车登记证书。

二手车鉴定评估的经济行为依据主要是指二手车鉴定评估机构与客户签订的委托评估合同或协议书。

二手车鉴定评估的技术鉴定标准主要有：

1) GB/T 30323—2013《二手车鉴定评估技术规范》。

2)《机动车强制报废标准规定》(商务部、国家发展和改革委员会、公安部、环境保护部令2012年第12号)。

3) GB 7258—2017《机动车安全技术检验》。

5. 二手车评估的原则

二手车鉴定评估的原则是指在二手车鉴定评估中，规范评估工作和调节评估各方当事人关系的工作行为准则。二手车鉴定评估作为一种公正性的估值服务，要求二手车鉴定评估机构和二手车鉴定评估人员在提供专业服务时，必须坚持客观性、独立性、公正性与科学性原则，也就是业内所说的"客观、独立、公正、科学"的八字方针。

客观性是指在二手车鉴定评估时，必须坚持实事求是的原则，真实反映车辆的技术状况与市场价值，不得故意隐瞒事实。独立性是指二手车鉴定评估机构和二手车鉴定评估人员在接受委托业务时，对与车辆当事人任何一方有利益关系的，一定要采取回避原则，不得接受或参与与评估主体有任何利益关系的车辆的评估。独立性要求二手车鉴定评估机构和二手车鉴定评估师在评估时要独立地、不受任何干扰地对被评估车辆的价值进行判断。公正性是指在进行评估时，二手车鉴定评估主体必须站在中立的角度进行估值，对二手车交易有关各方不得有任何形式上的偏护，估值结果对双方要不偏不倚。独立性是公正性的基础。一般说来，如果没有独立性，就难以保证估值的公正性。公正性是独立性的结果。科学性是指在评估过程中，按照科学的理论与方法对二手车的价值进行评定和估算，二手车鉴定评估有科学的理论与方法作为指导。科学性是二手车鉴定评估专业性特点的重要体现。评估不是主观地拍脑袋的随意行为，其有严谨、科学的方法作为指导。

6. 二手车评估的程序

二手车鉴定评估的程序是指二手车鉴定评估从开始接受委托到最后提交评估、确认评估报告所经历的工作步骤或工作过程。二手车鉴定评估有较强的逻辑性。一般来说，二手车鉴定评估的程序主要包括手续检查、接受委托、技术鉴定、市场调查与询证、价值评估、撰写并提交报告六个主要环节。这些工作流程在评估中有一定的前后顺序，在鉴定评估中，鉴定评估人员必须熟悉掌握二手车鉴定评估的程序，这是保证评估工作全面、严谨、高效的基础。

7. 二手车评估的价值标准

二手车鉴定评估的价值标准是指在对二手车价值进行评定估算时所得出的二手车评估价值的具体内涵。二手车价值的内涵或者说二手车价值的定义不同，则其评估的方法也就不同。按照所评估的二手车的价值内涵的不同，常见的二手车价值标准主要有公开的市场价值标准、重置成本标准、收益现值标准和清算价格标准等类型。

8. 二手车价值评估的方法

按照财政部 2017 年发布的《资产评估基本准则》第十六条的规定，确定资产价值的评估方法包括市场法、收益法和成本法三种基本方法及其衍生方法。相应地，二手车价值评估的基本方法也对应着三种基本方法，即市场法、收益法和成本法。市场法是一种基于对现行市场参照物交易价格进行修正而得到二手车评估价值的方法，又称为市场比较法或现行市价法；收益法是一种基于二手车投资收益现值而得出其评估价值的方法，又称为收益现值法；成本法是一种基于二手车重置成本与损耗而计算出评估价值的方法，又称为重置成本法。此外，在实务中，由于具体指标的计算方式的变化以及对评估价值选择方式的不同，在评估二手车时，基于以上三种方法也衍生出一些新的方法。

按照二手车鉴定评估师初级、中级、高级水平资格证书理论与实践能力的要求差异，本书作为二手车鉴定评估师初级教材，在介绍二手车鉴定评估方法时，仅介绍市场法与成本法两种方法。

二、现行市价法

（一）现行市价法评估定义

现行市价法是指在评估二手车时，通过在现行市场上寻找与被评估的二手车完全相同或相似的车辆作为参照物车辆，以参照物车辆的交易价格为基础，进行差异因素调整而得到被评估车辆评估价值的方法。

（二）现行市价法评估条件

在使用现行市价法评估二手车价值时，一般必须同时满足以下两个条件，才可以使用。

1. 市场条件

需要有一个交易活跃、发展比较完善的二手车交易市场。

存在一个交易活跃、竞争较为充分、发展比较完善的二手车市场是使用现行市价法的先决条件。二手车评估的目的是为公平的二手车交易提供价值尺度。因此只有在一个发展比较完善、竞争比较充分的市场上所形成的二手车交易价格才具有公平性。这是保证评估结果具有公正性的前提条件。另外也只有在这样的一个市场上，交易的车型才比较丰富、交易的价格信息才相对比较透明，为被评估车辆选择参照物车辆才相对比较容易。

2. 可比条件

参照物车辆与被评估的二手车可对比的指标差异对价格的影响是可以量化的。

二手车鉴定评估在采用现行市价法时，是以参照物的交易价格为基础，然后根据被评估对象与参照物车辆之间的差异对价格的影响大小进行调整而得到被评估车辆的评估价值的。因此,被评估车辆与参照物车辆之间的差异到底有哪些?这些差异对价格有多大的影响?必须在市场中是可以通过调查而进行量化计算的。否则,便无法对参照物的价格进行调整。

运用现行市价法,需要人们找到与被评估车辆相同或相类似的参照车辆,并且要求参照是近期的,可比较的。所谓近期,是指参照车辆交易时间与车辆评估基准日时间相近,最好在一个季度之内。所谓可比,是指车辆在规格、型号、结构、功能、性能、新旧程度及交易条件等方面不相上下。

(三)现行市价法评估步骤

运用现行市价法评估二手车时,一般要遵循以下几个步骤。

1. 明确评估的目的与评估对象

在接受委托,对二手车进行鉴定评估时,必须要搞清楚本次评估的目的到底是什么?本次评估对象的特征是什么?

二手车评估可以服务于不同的目的,但最为广泛的目的还是服务于二手车的市场目的。在这种目的下,理论上说最适宜的评估方法就是现行市价法。因为现行市价法是以现行市场直接的交易案例作为参照,然后基于市场调查,对交易案例与被评估车辆之间的差异进行比较量化并对交易案例的交易价格进行调整而得到的评估结果,可以说这种方法本身是根植于市场的一种方法,所有的信息直接来源于现行市场,评估结果容易经得起市场的检验,因而在以交易为目的的车辆评估中,现行市价法的使用比较普遍。

在评估之初,除了要清晰地了解本次评估的目的,还需要了解被评估车辆的有关特征。

车辆的有关特征主要是指车辆的品牌型号、生产日期、注册登记日期、交易区域、交易日期、结构、车身颜色、技术状况、使用强度(累计行驶里程)、使用性质、已使用年限、手续情况等。

只有明确了车辆评估的目的及被评估车辆的有关特征以后,才能比较好地在二手车市场中找到合适的参照物车辆。

2. 寻找并确定参照物车辆

在公开市场上,寻找近期交易的、在车辆特征方面与被评估车辆尽可能相同或相近的已交易车辆作为参照物车辆。参照物车辆各方面特征与被评估车辆差异越小,则两者的价格就越接近,在对参照物价格进行调整时,调整的因素就越少,评估价值与市场价格的接近程度也就越高。在实践中,为了避免由于选择参照物的差异对评估价值所产生的偶然性的影响,一般宜选择三个或三个以上的已成交车辆作为参照物车辆进行评估。

3. 差异因素分析

在确定参照物车辆以后,就到了进行差异因素分析的环节了。世界上没有两片完全相同的树叶,同样的道理,世界上也没有两辆完全一样的二手车!所以参照物车辆与被评估车辆之间总是存在着一定的差异,这些差异或者表现在交易时间、交易地点方面,或者表现在车辆的品牌型号、使用年限、技术状况、使用性质等方面。正是这些或大或小、或多或少的差异导致了被评估车辆与参照物车辆在市场上的价值也存在着差异。现行市价法的一个重要任务就是要通过对比分析,把二者的差异因素找出来,并分析这些差异因素是否对价格造成了明显的影响。如果是对价格没有明显影响的差异因素，在实际评估的时候，可以忽略不计。

4. 差异因素的量化

被评估车辆与参照物车辆的差异已经分析出来了，还需要进一步地把这些差异对价格的影响多少测算出来。差异因素的量化主要通过市场调查计算出来，可以说没有大量的市场调查数据，这些差异因素对价格的影响大小几乎没有办法计算。

5. 差异因素的调整

差异因素量化出来以后，分别以参照物车辆的交易价格为基础，根据被评估车辆与参照物车辆的差异量化，对参照物车辆的交易价格进行调整，从而得出经过调整以后的交易价格。

6. 得出评估价值

在对三个或三个以上参照物车辆的价格做出差异调整后，还需要对调整的结果进行综合分析。按照参照物车辆与被评估车辆的接近程度，采用加权评估法或简单平均法计算出一个最终结果，作为被评估车辆的评估价值。

（四）现行市价法的计算

在对参照物车辆的价格进行调整时，被评估车辆的评估价值可以按照如下公式进行计算：

$$被评估车辆评估价值 = 参照物车辆的交易价格 + 差异因素量化值 \quad (2-1)$$

在对三个或三个以上的参照物车辆的交易价格进行调整以后得到对应的被评估车辆的初步评估结果，在对以上初步评估结果进行综合分析以后，即可以得到被评估车辆的最终评估结果。

（五）现行市价法的优缺点

现行市价法是在评估中广泛使用的一种方法，这种方法评估的所有资料信息都来源于现行市场，因而评估结果能够较好地服务于现行市场，评估结果比较经得起市场的检验，评估结果具有较强的合理性与说服力。但这种方法的使用有严格的市场条件与可比条件，有时候由于市场条件不具备而选择不到合适的参照物车辆；或者虽然参照物车辆找到了，但差异因素对价格的影响大小无法量化出来，从而导致现行市价法无法使用。

三、重置成本法

（一）重置成本法定义

重置成本法是指在评估一辆二手车时，我们首先看在现时市场条件下重新购买一辆与被评估车辆完全相同的新车需要花费多大的代价（即重置成本），然后减去被评估车辆的各项贬值后的差额作为被评估车辆现时评估价值的一种方法。

$$被评估车辆评估价值 = 重置成本 - 被评估车辆的各项贬值 \quad (2-2)$$

在上述公式中，重置成本是指在鉴定评估基准日，重新购置一辆与被评估车辆各方面条件、配置、性能完全一样的新车并使车辆处于可使用状态所花费的全部代价。按照重置成本的定义，结合汽车的相关税费构成情况，一般来说，在计算重置成本时，主要是计算那些一次性支付并在车辆终身使用环节一直发生作用的费用。这些费用主要包括新车的销售价格、车辆的购置税和车辆牌照费。除特殊情况外，一般来说，车辆牌照费相对于汽车总价值来说，由于数额较小，在估值的时候，也可以忽略不计。

$$重置成本 = 新车的销售价格 + 车辆购置税 +（牌照费） \quad (2\text{-}3)$$

公式中新车的销售价格是指鉴定评估基准日，在当地市场上相同车辆的最低售卖价格。按照2018年12月29日第十三届全国人民代表大会常务委员会第七次会议通过的《中华人民共和国车辆购置税法》的规定，汽车购置税的税率为计税价格的10%，车辆购置税的计税价格是以不含车辆增值税的新车销售价格进行计算的。由于汽车销售专用发票上开具的都是含增值税率为17%的销售价格，因而在计算车辆购置税时，需要从中剔除增值税后，再计算车辆购置税。车辆购置税的计算可以按照下式进行计算：

$$车辆购置税 = 汽车销售发票价格 \div (1+17\%) \times 10\% \quad (2\text{-}4)$$

被评估车辆的各项贬值，按照资产贬值的一般特性，可以分为有形贬值和无形贬值。有形贬值是指具有实物形态的、可以观察到的车辆实体上的价值损耗，也称为车辆的实体性贬值，往往是由于自然的原因或使用的原因而导致的车辆实体上的陈旧所引起的贬值。车辆的无形贬值是指没有具体的物质形态、无法从车辆实体上观察出来的贬值。车辆的无形贬值往往是由于市场竞争、消费者心理、技术进步等因素引起的车辆价值的减少。在资产评估中，依据无形贬值的原因的差异，可以将无形贬值分为功能性贬值与经济性贬值。功能性贬值是由于技术进步所引起的车辆价值的损耗，如由于技术进步导致市场上出现了性能更好的新车型，从而使老车型价格下降了，或者由于技术进步导致汽车厂家的生产效率提高了，从而使得生产与被评估车辆完全相同的车辆成本下降所导致的被评估车辆价值的减少。经济性贬值则往往是车辆外部环境的变化，比如市场竞争加剧导致营运车辆的收入下降，从而导致营运车辆的价格下降所带来的贬值。一般来说，对于非营运车辆的评估，不需要考虑车辆的经济性贬值。

在实务中，有关车辆的无形贬值的测算较为复杂，这部分内容将在二手车鉴定评估师中高级教材上进行介绍。本教材在介绍重置成本法时，仅涉及GB/T 30323—2013《二手车鉴定评估技术规范》推荐的重置成本计算方法。

在公式（2-2）中，对非营运车辆的估值，被评估车辆的贬值可以通过综合贬值率或综合成新率进行计算。

即：

$$被评估车辆的贬值 = 重置成本 \times 综合贬值率$$
$$= 重置成本 \times (1 - 综合成新率) \quad (2\text{-}5)$$

把式（2-5）代入式（2-2）中，经整理即可得到被评估车辆的评估公式：

$$被评估车辆的评估价值 = 重置成本 \times 综合成新率 \quad (2\text{-}6)$$

式（2-6）中综合成新率，按照GB/T 30323—2013《二手车鉴定评估技术规范》的推荐方法，可以采用技术鉴定成新率与年限成新率加权的方法进行计算。

$$综合成新率 = \alpha \times 年限成新率 + \beta \times 技术鉴定成新率 \quad (2\text{-}7)$$

式（2-7）中的 α、β 分别表示年限成新率与技术鉴定成新率的权重，并且须满足 $\alpha+\beta=1$。

对于正常使用的车辆来说，

$$年限成新率 = 车辆的剩余使用年限 \div 车辆的规定使用年限$$
$$= 1 - 车辆的已使用年限 \div 车辆的规定使用年限 \qquad (2-8)$$

车辆的已使用年限通常是指从车辆的注册登记之日起一直到车辆鉴定评估基准日所经历的时间；车辆的规定使用年限可以参照商务部、国家发展和改革委员会、公安部、环境保护部令 2012 年第 12 号《机动车强制报废标准规定》执行，对于《机动车强制报废标准规定》中未明确规定报废年限的家用轿车，按照二手车价值变化的规律与二手车市场交易的实际情况，可选择按照 15 年作为规定使用年限的参考使用年限进行计算。

式（2-7）中的技术鉴定成新率则是按照 GB/T 30323—2013《二手车鉴定评估技术规范》的要求，依据对被评估车辆技术状况鉴定的分值，以技术状况完好、全新车辆的技术状况鉴定分数为 100，计算得到被评估车辆的技术鉴定成新率。

即有：

$$技术鉴定成新率 = 技术状况鉴定得分 \div 100$$

权重 α 和 β，主要依据在影响车辆的两个主要成新率中，各自对综合成新率的影响重要性程度由评估师进行判定。

（二）重置成本法条件

在选用重置成本法时，同样需要考虑重置成本的使用条件。一般来说，重置成本法主要使用于下列场合。

1. 随着时间的推移，资产本身具有陈旧、耗费的性质

对于那些随着时间的推移，价值具有增值特点的资产，如一些专用于收藏的"老爷车"、具有特殊纪念意义的"文物"车辆等均不能使用重置成本法进行估值。作为重置成本法使用的一个重要条件就是资产一定具备陈旧、耗费而带来的贬值特点。

2. 资产具有可复制、可再生、可获得性的特点

重置成本法的一个重要特点就是资产可以重新购置。资产可以重新购置的前提必须是那些可复制、可再生、具有可重新获得特点的资产。对于那些不可复制、不可再生、不能够重新获得的资产，就不能够使用重置成本法进行评估。同样在评估二手车时，可复制、可再生、可获得性也是判断能否使用重置成本的一个重要前提。试想一下，如果一辆车无法重新购置或重新制造生产出来，其重置成本信息也就无法获得，也就没有办法使用重置成本法进行评估。

3. 被评估车辆的历史资料信息要能够收集到

在使用重置成本法时，有关被评估车辆的重置成本、有关贬值方面的信息，需要对车辆的历史资料信息有一定的了解。这样我们才能够较好地估算其在鉴定评估基准日的重置成本、成新率或有关贬值大小，对于那些缺乏必要的相关历史资料信息的车辆，一定程度上也影响到使用重置成本法对车辆的价值进行评估。

（三）重置成本法评估步骤

按照重置成本思路对二手车进行鉴定评估时，一般须遵循如下步骤进行估值。

1. 首先要明确评估对象与评估目的

对被评估的二手车的有关特征进行了解，除了各项手续外，还要了解车辆的新车销售价格、被评估车辆的注册登记日期、品牌型号、车身结构、车身颜色、使用性质、累计行驶里程、转手系数、车主职业、教育背景、技术状况等基本车辆信息，做到事前心中有数。

在对车辆的基本信息进行了解后，还要明确车辆的评估目的是什么？车辆的评估目的会影响到评估方法的选择。重置成本法特别适用于以车辆重置、资产补偿、资产计价、资产课税、资产抵押等为目的的二手车的评估。

2. 技术状况鉴定

首先对被评估车辆的手续税费情况进行检查，然后按照 GB/T 30323—2013《二手车鉴定评估技术规范》对车辆进行静态检查与动态检查，完成对车辆技术状况鉴定的评价，得出被评估车辆的技术状况鉴定分数，并计算出技术鉴定成新率。

3. 市场调查与询证

通过市场调查与询证，寻找并确定被评估车辆的新车销售价格，从而计算被评估车辆的重置成本。对于那些在市场上无法直接获得新车销售价格的，还要采用其他的方法间接得到被评估车辆的重置成本。

4. 计算评估价值

在计算出被评估车辆的重置成本后，再根据车辆的使用年限，计算车辆的年限成新率，结合车辆的技术鉴定成新率，计算出被评估车辆的综合成新率，应用式（2-6）从而得到被评估车辆的评估价值。

（四）重置成本法的应用

例：被评估车辆为一辆奔驰品牌的轿车，2019 年 6 月 12 日对该车进行鉴定评估，该车手续齐全，二手车鉴定评估师依据 GB/T 30323—2013《二手车鉴定评估技术规范》对车辆进行技术状况鉴定，技术状况鉴定得分为 72。经市场调查得知该车重置成本为 28 万元。请用重置成本法计算该车的评估价值。

分析：

1）车辆的技术鉴定成新率 =72/100×100%=72%。

2）该车的登记日期为 2011 年 6 月 13 日，到鉴定评估基准日为止，已使用年限为 8 年，车辆参考使用寿命为 15 年。

车辆的年限成新率 = 1–8/15=46.67%。

3）经过判定，取车辆的年限成新率的权重为 60%，技术鉴定成新率的权重为 40%。

则综合成新率 = 60%×46.67%+40%×72%

     = 0.568 = 56.80%

4）已知车辆的重置成本为 28 万元。

5）评估值 = 重置成本 × 综合成新率

    = 28 × 56.80%

    = 15.90 万元

重置成本法是一种计算依据较为严谨的估值方法，在二手车鉴定评估中被广泛应用。

这种方法除了 GB/T 30323—2013《二手车鉴定评估技术规范》中推荐的方法外，在实践中还衍生出其他一些方法，这些方法同样将在中高级二手车鉴定评估教材中进行介绍。当然，与现行市价法相比，重置成本法也不是完美无缺的方法，如重置本法对车辆的有关历史资料信息的要求较为严格，特别是在计算重置成本时，有时因无法寻找到可比较的价格信息资料，而使这种方法不能够应用。

四、保值率

（一）保值率定义

汽车的保值率是消费者非常看重的一个指标。理性的消费者总是希望自己所购买的车辆具有较好的保值率。最原始意义上的保值率就是指新车从购买到投入使用一定时期以后的剩余价值（即二手车的价值）相对于车辆原始价值的比率。由于新车价格波动较大，在二手车评估实务中，上述保值率的概念对评估来说意义不大。在二手车鉴定评估中，一般所称的保值率是指在鉴定评估基准日，被评估的二手车市场价值相对于该时点新车价值（即重置成本）的比率。我们一般所说的汽车保值率通常是指在汽车正常使用状态下，同一市场、同一时点上、相同使用年限的相同品牌或车型的市场平均交易价格与对应新车的重置成本之比。

如果经过市场调查，有了各品牌车型各年度保值率的具体数值，我们就可以比较容易地对被评估车辆的基本价值进行估算。

即：

$$被评估车辆的基本价值 = 被评估车辆保值率 \times 重置成本 \qquad (2-9)$$

之所以说是基本价值，原因在于影响被评估车辆价值的因素除了保值率之外，还需要综合考虑具体车辆的技术状况、维修保养、使用性质等情况，这些因素对汽车的价值也会产生较大的影响。

（二）保值率影响因素

影响汽车保值率的因素较多，通常汽车的品牌、使用年限、消费者偏好等都会对保值率产生影响。

1. 品牌因素

品牌是车辆相互区别的一个重要标志。品牌作为一种无形资产，是汽车生产企业一项重要的无形资产，这种无形资产在产品价值创造中具有举足轻重的地位。同时，品牌也是企业声誉好坏、产品质量的一个重要标志。在我国二手车市场上，不同品牌的车辆保值率有天壤之别。一般来说，那些受消费者欢迎、市场占有份额大、有良好的产品质量与售后服务网络的汽车品牌，往往具有较高的保值率。如丰田、本田、大众这些日系车和德系车，汽车销量以及汽车工艺都做得不错，所以保值率也还不错。而韩系车、法系车的保值率整体表现相对较差。我国部分自主品牌车辆虽然生产技术水平、工艺条件与过去相比有了较大的进步，但在产品质量上确实还存在着一定的差距，因此在保值率上表现欠佳。随着我国汽车产业体系发展的日益完善、技术水平的不断提升，相信在不远的将来，我国自主品牌车辆必将在世界汽车市场上占据一席之地，自主品牌车辆保值率一定会有很大的提升。

2. 使用年限

除了品牌以外，使用年限是影响汽车保值率另外一个重要的因素。通常所说的汽车保值率其实是指各不同年限的汽车价值保值率。目前大家在公开媒体上看到的保值率信息，也都是按品牌车型、按使用年限进行发布的。很显然，使用年限一定程度上可以反映车辆的部分有形损耗与无形损耗，汽车使用的年限越久，这些损耗越大，相应地，车辆也就越不保值。

3. 汽车车型

即便在同一品牌下，不同车型的保值率往往也有明显的区别。这与消费者的偏好程度、具体车型的质量差异等都有一定的关系。如大众品牌的高尔夫、帕萨特都是相对比较保值的车型。

4. 市场占有率

一般来说，对于市场占有率较大的品牌，意味着具有较好的消费者认可度、较为完善的市场销售及售后服务网络。在二手车市场上，这样的汽车一般也较容易受到消费者的追捧，往往也就有着较高的保值率。

5. 新车价格的波动程度

近年来，由于我国新车市场竞争较为激烈，降价销售成为新车生产厂家经常采用的手段。新车的降价，也会通过市场传导到二手车市场中，导致二手车价值的贬值。很显然，新车价格越容易波动、波动幅度越大，对二手车保值率的影响也就越大，相应地，二手车也就越不保值。相反，新车价格越稳定，价格越坚挺，二手车的保值程度就越好，在这方面，大众高尔夫就有较好的表现。

6. 汽车配置、车身颜色

汽车的配置也会影响到二手车的保值情况。现在的新车，即使是同一款车也有多种不同的配置，不同配置车型之间的差价在3万~8万元，部分豪华品牌车型价格差距更大。但是在评估二手车时，一般只会按中低配车型的新车价来打折扣，因此，新车是高配车型的话，损失会比较大。一般基本型、标准型的低配车型保值率相对高配车型保值率较好。因此购买二手车时，购买高配的二手车，在价格上相对比较划算一些。

车身颜色对于新车来说，并不会构成价格的明显差异。但对二手车来说，由于消费者选择面较为广泛，因而对车身颜色的喜好会在一定程度上影响到二手车的价格。通常来讲，白色、黑色、灰色等常见颜色的车辆保值率偏高，而一个比较个性或比较罕见的颜色，比如橙色、黄色、绿色、粉色等颜色的车辆保值率会偏低。

7. 过户次数因素

过户次数是车辆在以往用车过程中，被"倒卖"的次数，过户次数越多，残值越低。过户次数对二手车价值的影响更主要的是由于消费者心理因素的影响。如认为过户次数越多，二手车的质量出现瑕疵的可能性就越大，进而对二手车的评价就越低。

8. 车辆的使用强度

在相同条件下，车辆的使用强度越大，也就是在一定时期内行驶里程越多，车辆的贬值程度也就越大。这就是为什么我们在关注二手车使用年限的同时，还要关注车辆的累计行驶里程的原因。累计行驶里程反映了被评估车辆的总体使用强度,这个指标可以作为判断二手车贬值的一个参考性指标使用。

9. 车辆技术状况

对于二手车来说,车辆技术状况是影响其保值率的一个非常重要的因素。技术状况影响到车辆的性能甚至安全性。因此在二手车鉴定评估中,特别重视车辆技术状况的鉴定工作。这也是二手车评估区别于其他资产评估的一个重要的特征。车辆技术状况与车辆的保值率是息息相关的。对于同一辆车而言,车辆的技术状况越好,其保值率越高;车辆的技术状况越差,其保值率也就越低。

10. 事故、水淹、泡水、火烧等因素

查验一辆二手车有无事故,是不是水淹车、泡水车或者火烧车,在二手车鉴定评估中尤为重要。消费者购买二手车,最担心的就是这些非正常使用的车辆。对于事故车来说,一些小的事故一般不会对车辆的保值率产生很大的影响,但如果是较大的碰撞事故,伤及车身底盘等,还有水淹车、泡水车或者火烧车,如果更换过发动机、变速器等核心部件,车辆的保值率就会极大降低。

除了上述因素外,其他如车辆的使用性质、维护保养情况、车辆的使用条件、车辆所在区域等因素也都会在一定程度上影响到车辆的保值率。二手车鉴定评估师在评估时需要全面、综合地考虑这些因素对被评估车辆的价值影响。

(三) 价值与价格的区别

在评估理论与评估实践中,我们经常接触到价值与价格问题,不少教材常分不清价值与价格的区别,混淆二者的概念。事实上,价值与价格两者之间虽然有着密切的联系,但两者之间也有着非常明确的界限与内涵。

价格与价值的联系,在马克思的价格规律的描述中就写得很清楚了。价值是价格的基础,价格是价值的表现形式,价格围绕价值上下波动的规律就是价格规律。影响其波动的因素主要是供求关系。

但价格与价值有着本质上的区别。资产评估中所指的资产价值是指对资产满足个人效用大小的专业评价结果。对于二手车评估来说,二手车的价值评估是指二手车鉴定评估师从市场角度对二手车的车况、性能与品质大小做出的专业评价结果,这种结果可以用货币单位进行计量。而价格不是评估师的专业评价结果,而是资产交易结果的货币表现。在讲到价格概念时,价格往往表达了其代表的交易已经发生,或者即便没有发生,但交易的结果已经确定。也就是说价格反映的交易活动一般是过去时或在陈述一种客观事实。但价值由于是专家评价结果,价值评价活动一般是为未来的交易进行服务,价值估值的目的在于为将来的交易行为提供价值尺度和交易参考。价值反映的是一种判断结果,而价格则表达的是一种交易结果。

在二手车鉴定评估中,二手车鉴定评估师提供的是价值判断服务,而不是给二手车的交易进行定价的活动。在评估实践中,切不可将两者的概念相互混淆。

第 3 章
二手车鉴定评估实际操作

第 1 节　车辆唯一性的认定方法

车辆唯一性的认定是二手车鉴定评估师日常工作的一个重要环节，车辆唯一性的认定广泛适用于机动车查验、评估、鉴定（司法）、交易等环节，主要包括拼接车、改装车、克隆车（套牌车）、盗抢车、走私罚没车、事故车的认定及对车架号、发动机号、出厂标识、风窗号的辨别。机动车在办理注册登记、年检审核、变更登记、注销报废时，需对车辆唯一性进行确认。

一、机动车证件的核查

二手车鉴定评估师在对机动车进行评估时，首先需要核查机动车的各种证件，包括号牌号码、车辆类型、品牌和型号是否与机动车行驶证、机动车登记证书上所签注的信息一致，如图 3-1 所示：

图 3-1　机动车基本审核证件

二手车鉴定评估师需要具备一定的专业技术知识，熟知机动车行驶证及机动车登记证书的防伪标识，能对机动车行驶证和机动车登记证书的真伪进行辨别。

（一）机动车行驶证的真伪

辨别机动车行驶证的真伪首先应观察机动车行驶证上的字体、证芯纸质和塑封皮的防伪标识。机动车行驶证字体均为针式打印机打印，如发现为喷墨式打印机打印即为假证；机动车行驶证证芯采用专用纸张，有开窗式彩色金属线和荧光纤维；塑料封皮上印有平安结、指路标志、机动车等图案和"中国 CHINA"和"VEHICLE LICENSE"等字样；平安结中心几何图形颜色在蓝紫色和草绿色之间交互变化；"中国 CHINA"和"VEHICLE LICENSE"为动态景深文字，可在不同角度分别出现。机动车行驶证如图3-2所示。

机动车行驶证主页

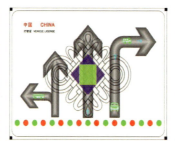
塑料封皮A面防伪标识

塑料封皮B面防伪标识

图3-2　机动车行驶证

观察机动车行驶证上的车辆照片，照片应清晰，且应是在各机动车检测场及交易市场、车辆管理所辖区拍摄，右下角处会有某某省市公安局公安交通管理局车辆管理所监制的字样，如发现拍摄地点有所出入或没有车辆管理所监制的字样，应引起注意。机动车行驶证照片如图3-3所示。

机动车行驶证左下角证件专用章为红色，使用红色紫外荧光防伪油墨印刷。在紫外灯照射下，呈现红色荧光。各地区的证件专用章皆有防伪性缺角，例如北京市印发的机动车行驶证左下角印章处，印章左上角有缺角的现象，如图3-4所示。

图3-3　机动车行驶证照片

图3-4　机动车行驶证印章

真假机动车行驶证图片对比如图3-5所示。

第3章 二手车鉴定评估实际操作

假机动车行驶证

真机动车行驶证

假机动车行驶证

真机动车行驶证

图 3-5 真假机动车行驶证对比

（二）机动车登记证书的真伪

机动车登记证书的纸张为白卡纸，证书内页采用专用安全防伪水印纸，水印文字为"机动车登记证书"和"MOTOR VEHICLE REGISTER CERTIFICATE"，水印应清晰完整，证书内页底纹采用防伪设计技术，应有双色交叉扭曲浮雕底纹、渐变曲线、线变星光、中文微缩等防伪功能，颜色采用印钞彩虹印刷的方法体现，表格和文字为黑色，如图 3-6 所示。

辨别机动车登记证书的真伪时，首先观察机动车登记证书封皮，封皮应为深绿色，封皮上印有中华人民共和国机动车登记证书和中华人民共和国公安部制烫金压字，证书封皮与衬里、衬里与证书内页采

图 3-6 机动车登记证书

用胶粘剂裱糊。裱糊位置准确，装订平整，封面胶合无气泡，不开胶，不粘连，胶层厚度均匀一致，无起粒，裁切尺寸准确，不藏折角，不倒页，证书两端模切不带线头，切角圆滑无刀花毛刺，证书内打印内容均为公安部特殊加密的字体，数字使用公安部专用加密字体并使用针式打印机进行打印，例如"0"中间有一条横道，"5"和"2"的横为一条曲线，如图3-7所示。

图3-7 机动车登记证书真伪

机动车登记证书最后一页的"重要提示"处及登记证书编号处都为荧光材质，使用紫外光激发即可发亮。从侧下方观察"重要提示"部位会显示公安部防伪字样，如图3-8所示。

图3-8 机动车登记证书真伪

真假机动车登记证书如图3-9所示。

图3-9 真假机动车登记证书

二、机动车号牌号码、车辆类型和品牌型号的核查

在评估机动车时,二手车鉴定评估师要核查机动车的外形是否与其生产年份的外形及款式相一致,车辆的颜色和外形应与机动车行驶证上的车辆照片相符,且不应出现更改车身颜色、改变车厢形状、改变车身结构等现象。由于机动车行驶证可能存在伪造及擅自更换车辆照片的嫌疑,二手车鉴定评估师应仔细检查机动车行驶证防伪标识并凭借自身经验进行辨认,发现伪造机动车行驶证或更换车辆照片情形时,不予办理评估。

二手车鉴定评估师在对车辆进行评估时,要核查车身颜色是否与机动车登记证书中签注的车身颜色一致,如不一致,应查看机动车登记证书副页,车身颜色变换是否在车辆管理所进行备案,如无备案信息,不予办理评估。

由于机动车行驶证中的车辆照片有可能被人为更换,二手车鉴定评估师在核对车身外观时,如发现明显与该款车身结构不相匹配时,应与车辆注册登记时的底档照片进行比对,核对不符不予办理评估。

车身原漆颜色为多种颜色,但登记证书中只签注为一种颜色时,评估师应观察其余颜色是否超过车身颜色的1/3,如超过1/3,不予办理评估。机动车照片私自更换如图3-10所示。

这是一个明显人为伪造的行驶证照片,右下角的车辆管理部门监制字样为人为打印上去

该行驶证照片为车主私自更换,右下角无车管所监制字样

图3-10 机动车照片私自更换

三、对机动车车窗玻璃年份进行核查

车辆玻璃位置识别如图3-11所示。

图3-11 车辆玻璃位置识别

车窗玻璃标识年份计算方法见表3-1。

表3-1 车窗玻璃标识年份计算方法

标识	年月	标识	年月
······0	2010年1月	0······	2010年7月
·····0	2010年2月	0·····	2010年8月
····0	2010年3月	0····	2010年9月
···0	2010年4月	0···	2010年10月
··0	2010年5月	0··	2010年11月
·0	2010年6月	0·	2010年12月

核查机动车车窗玻璃标识，以判定机动车的制造年份。正常情况下，车窗玻璃标识的日期应与机动车生产日期在同一月份，或在机动车制造日期之前。

四、机动车车辆识别代号的核查

（一）机动车风窗号

GB 7258—2017《机动车运行安全技术条件》中规定，机动车风窗号（车辆识别代号在风窗立柱位置标识的俗称）是每一辆乘用车和总质量小于等于3500kg的货车在风窗立柱位置必须设置的标识，也是确认车辆唯一性时不可或缺的查验项。二手车鉴定评估师查验机动车风窗号时，要熟知各种车辆品牌风窗号的防伪特征，各品牌机动车的风窗号都会采用不同的防伪技术（例如：路虎风窗号底部会印有路虎标志、丰田风窗号字体有凹凸感且底部印有TOYOTA标志），这就需要二手车鉴定评估师在日常工作中积累评估经验。车辆风窗号应整体平整、干净、字体清晰、间距均匀，一些被人为破坏或二次安装的风窗号会出现无号码、整体版面不平整、制作粗糙、字体和线条颜色不均匀、整体轮廓不整齐、安装位置不正等现象。

机动车风窗号设置在驾驶人附近，风窗玻璃与仪表台之间的位置，如图3-12所示。

图3-12 机动车风窗号

原装机动车风窗号示例如图3-13和图3-14所示。

路虎标志

这是一款路虎汽车的风窗号,风窗号整体平整、干净,字体清晰、间距均匀,有路虎(LAND ROVER)标志

图 3-13　路虎汽车风窗号

二维码防伪

这是一款凯迪拉克汽车的风窗号,风窗号整体平整、干净,字体清晰、间距均匀,有GM标识,采用二维码防伪技术

图 3-14　凯迪拉克汽车风窗号

被损坏的机动车风窗号如图 3-15~ 图 3-17 所示。

这是一款国产马自达汽车被损坏的风窗号,风窗号被人为二次安装,安装位置不正

图 3-15　被损坏的马自达汽车风窗号

掉漆现象

这是一款宝马汽车被损坏的风窗号,风窗号整体不平

图 3-16　被损坏的宝马汽车风窗号

这是一款别克 GL8 被损坏的风窗号，风窗号被人为破坏，已无号码

图 3-17　被损坏的别克 GL8 风窗号

人为伪造的机动车风窗号如图 3-18 和图 3-19 所示。

这是一款伪造的宾利轿车的风窗号，整体版面不平整，制作粗糙，字体间距不均匀，整体轮廓不整齐，使用的材质为金属板，有反光现象，安装位置不正

图 3-18　人为伪造宾利轿车风窗号

这是一款伪造的劳斯莱斯轿车的风窗号，整体制作粗糙，字体间距不均匀，*号与字体数字间距不成比例

图 3-19　劳斯莱斯轿车风窗号

（二）车架号

打刻在车架的车辆识别代号俗称为车架号。

不同生产国家车架号示例见表 3-2。

表 3-2　不同生产国家车架号示例

国家	VIN	图例
中国	L	☆LVSHBEDC3CF398328☆
日本	J	JTMHU01J4I5125175

(续)

国家	VIN	图例
韩国	K	*KPT40B1XXKP041622*
德国	W	WDCYC3EF9JX290475
法国	V	VF1VYRJT5FC5701110
英国	S	*SALFA2BA7AH154127*
瑞典	Y	YV1LUBADBK1427447
意大利	Z	*ZPBEA1ZL7KLA01002*
加拿大	2	*2C4RDGDGXHR748512*
美国	1	1FM5K8FHXHGD30724*
美国	4	4JGDA6DB4CA787206
美国	5	5YJ3E7EB1KF205185

  车辆识别代号的打刻要求，按照 GB 7 258—2017《机动车运行安全技术条件》中规定：打刻的车辆识别代号（或产品识别代码、整车型号和出厂编号）从上（前）方应易于观察、拓印；对于汽车和挂车还应能拍照。打刻的车辆识别代号的字母和数字的字高应大于等于 7.0mm、深度应大于等于 0.3mm（乘用车及总质量小于等于 3500kg 的封闭式货车深度应大于等于 0.2mm），但摩托车字高应大于等于 5.0mm、深度应大于等于 0.2mm。打刻的整车型号和出厂编号字高应为 10.0mm，深度应大于等于 0.3mm。打刻的车辆识别代号（或产品识别代码、整车型号和出厂编号）总长度应小于等于 200mm，字母和数字的字体和大小应相同（打刻在不同部位的车辆识别代号除外）；打刻的车辆识别代号两端有起止标记的，起止标记与字母、数字的间距应紧密、均匀。

  在评估机动车时，二手车鉴定评估师要核查机动车的车辆识别代号（或整车出厂编号），应与机动车行驶证签注的内容相符。二手车鉴定评估师核查车辆识别代号时，主要通过看、摸、刮、敲、洗这五种查验方法来判断车辆识别代号是否存在凿改、挖补、打磨、擅自重新打刻等现象。

1）看。二手车鉴定评估师核查车辆识别代号时，首先观察车辆识别代号的字体、间距、样式是否与机动车原始档案中留存的拓印膜一致，再利用镜子、强光手电筒等辅助工具观察车辆识别代号背部钢板，如背部钢板有凸出的车辆识别代号且与正面钢板中的识别代号不一致，或只有部分字体凸出，这时二手车鉴定评估师应使用强光手电筒观察车辆识别代号正面钢板漆面与周边钢板漆面整体性是否完好，背部钢板周边是否存在修复焊点，继而判断车辆识别代号是否存在挖补、焊接等现象，且仔细观察车辆识别代号周边部件焊点是否为原厂焊点，原厂焊点为点式冷焊点，这种焊点也是后续修理无法做到的。

2）摸。由于部分车辆识别代号并不易于观察，这时二手车鉴定评估师应用手摸车辆识别代号正反面钢板是否平整，以及打刻车辆识别代号的钢板面与车身的连接部位是否存在大面积焊接等现象。

3）刮。机动车发生重大交通事故后，可能对车辆识别代号周边造成损伤，一些修理厂乃至汽车4S店会将车辆识别代号切割下来，焊接在修复好的车体上，焊接的车辆识别代号周边会刮腻子处理后重新喷漆。二手车鉴定评估师可使用一字螺钉旋具或金属刮刀等辅助工具划动车辆识别代号周边漆面，查看是否存在腻子，焊接后做腻子处理再重新喷漆的钢板使用刮刀等工具划一下就会出现腻子痕迹。

4）敲。有些焊接做腻子处理后的车辆识别代号钢板及周边连接处钢板使用橡皮查验锤敲击，会出现裂痕或松动等现象。

5）洗。一些拼接车辆会将车辆识别代号打磨后重新进行打刻或将相同车型的车辆识别代号切割后焊接在车体上。二手车鉴定评估师可使用化油器清洗剂或脱漆剂喷涂车辆识别代号位置钢板及周边连接部位，原厂做烤漆处理的漆面喷涂清洗剂后不会出现掉漆的现象，打磨或焊接处理后重新喷漆的漆面使用清洗剂喷涂后会出现掉漆、漆面褶皱等现象。如漆面出现掉漆、褶皱现象，则存在焊接嫌疑，应使用脱漆剂做进一步处理。

（三）现阶段违规违法车

现阶段违规违法车辆主要分为拼接车、改装车、克隆（套牌）车三大类型，二手车鉴定评估师在查验车辆时要仔细观察车辆细节。上述三类违规违法车辆的查验方法总结如下。

1）拼接车。拼接车顾名思义就是将原车某部件切割下来后，与其他事故车部件组装在一起拼凑的一辆车，一般情况下都是机动车出现重大交通事故后，无法修复，将完好的部件切割后进行再焊接拼装。二手车鉴定评估师在评估车辆时，如果发现发动机舱内有明显的焊接与修复的痕迹，应顺着修复痕迹观察车辆左右减振器、车辆左右门边和行李舱内的原厂焊点及接缝处是否完好；防火墙、大梁、A柱、B柱、C柱是否存在弯曲、变形及焊接等现象，如存在弯曲、变形及焊接等现象，那么该车很有可能发生过重度撞击，即存在拼接嫌疑。

2）改装车。改装车就是在未经国家主管部门批准的情况下，私自对车辆进行改装及加装。一些改装车为了通过查验，会在过户或年检之前将车辆外观恢复原状，但是一些私自改装进气和排气的车辆恢复起来比较麻烦且成本较高，因此会保留改装后的进排气。二手车鉴定评估师在对车辆进行评估时要仔细核对车辆外观是否与注册登记时一致，并观察车辆的进排气是否存在改装。还有一些车辆私自加装天然气罐，由于私自加装天然气罐是非常不安全的行为，国家有关规定禁止私自加装天然气罐。二手车鉴定评估师在评估车辆时要观察发动机舱内是否存在改装现象，并观察行李舱内是否加装了天然气罐，如发现改装现象，应不予进行评估。

3) 克隆（套牌）车。查验克隆车需要二手车鉴定评估师结合上述机动车行驶证及机动车登记证书的真伪辨别，及看、摸、刮、敲、洗这五种查验方法，对车辆进行核查。如发现机动车行驶证及机动车登记证书为假证时应引起高度重视，进而观察机动车的车辆识别代号部位是否存在焊接、挖补、打磨等嫌疑，并观察发动机号是否为原厂打刻，在无法确认车辆唯一性时，应使用汽车解码器通过车载自动诊断系统（OBD）调取该机动车的相关信息。

（四）使用 OBD 接口确认车辆唯一性

在车辆识别代号存在焊接、挖补、打磨及车辆拼接的情况时，二手车鉴定评估师无法确认车辆唯一性，这时 OBD 就起到了非常重要的作用。利用 OBD 读取车载电控单元中的数据，核对车辆识别代号及出厂年份等重要信息是否与实车信息相符，这也是分辨事故车、拼接车与克隆（套牌）车的有效手段。

通过 OBD 确认车辆唯一性案例一如图 3-20 所示。

一辆雪佛兰牌轿车，车辆型号 SGM7150DMAA，车身颜色为白色，初次登记日期为 2016 年 1 月 22 日。

图 3-20　案例车一

图 2-21　车架号标签

对该车车架号进行查验，车架号字体均匀、清晰，应为原厂标签，如图 3-21 所示。

对该车车架号进行查验，车架号周边有严重的打磨、掉漆痕迹，表面凹凸不平，车辆识别代号存在二次打刻嫌疑，如图 3-22 所示。

对出厂标牌进行查验，字体均匀、清晰，应为原厂标牌，如图 3-23 所示。

对发动机号进行查验，缸体发动机号字体均匀、清晰，发动机标签应为原厂标签，发动机号应为原厂号，如图 3-24 所示。

图 3-22　车架号

图 3-23　出厂标牌

发动机号 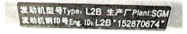   缸体发动机号

图 3-24　发动机号

通过上述查验，无法确定该车唯一性，因此通过使用 OBD 对该车进行了数据读取，读取结果与该车车辆识别代号不一致，如图 3-25 所示。

图 3-25　OBD 信息

通过 OBD 确认车辆唯一性案例二如图 3-26 所示。

一辆丰田牌轿车，车辆型号 GTM7240GB，车身颜色为黑色，初次登记日期为 2010 年 2 月 9 日。

对风窗号进行查验，风窗号不在一条水平线上，有粘贴痕迹，确认为二次安装，如图 3-27 所示。

图 3-26　案例车二　　　　　　　　图 3-27　案例车风窗号

对该车车窗玻璃进行查验，生产年份与该车生产日期不一致，如图 3-28 所示。

对该车出厂铭牌进行检查，该车铭牌周边有胶质物质，铭牌周边刮痕较多，确认为二次粘贴，如图 3-29 所示。

图 3-28　案例车车窗玻璃　　　　　图 3-29　案例车出厂铭牌

通过查验,发现该车风窗号、车窗玻璃、出厂铭牌均有问题,开始对此车产生怀疑。进一步查验 A 柱、B 柱有无损伤。扒开密封条后,A 柱、B 柱完整,没有碰撞修复痕迹,车身周正。要求车主把右前座椅拆卸,查看车架号周边情况。拆卸后发现车架号周边有补漆现象,脱漆后发现车架号两侧有焊接痕迹。进一步查验车架号立面也存在焊接现象,初步判定为车架号挖补焊接。通过采用 OBD 对该车进行了数据读取,读取车辆识别代号未果。最终无法确认车辆唯一性,判定该车为车身更换。对案例车验车如图 3-30 所示。

图 3-30　案例车验车

由此可见,此类车在查验过程中,必须拆卸车架号位置部件,才能看到整体周边状况,因此在检测中必须留意。

五、机动车发动机号码(或电动机号码)的核查

在评估机动车时,二手车鉴定评估师要核查机动车的发动机号码(或电动机号码),应与机动车行驶证签注的内容一致。发动机号码一般打刻在缸体部位凸出的平台上,平台上应有正常的机器加工痕迹、有螺纹状,没有反光的迹象。被人打磨后重新打刻的发动机号码,发动机号码平台上会有明显的打磨痕迹,字体打刻粗糙,间距不均匀,字体与原厂打刻工艺差别较大,用强光手电筒查看时,发动机号码部位会有强烈的反光;擅自更换发动机未到车辆管理所进行备案的车辆会出现无发动机号码或发动机号码粘贴、熔制的现象。发动机号码平台应为整体式,平台底部不应出现裂痕及胶质物质。原厂发动机号码如图 3-31 所示。

有问题的发动机号码如图 3-32 和图 3-33 所示。

该发动机缸体的发动机号码平台部位有明显的打磨痕迹,用强光手电筒查看,缸体部位有强烈的反光现象。发动机号码由二次打刻形成,字体粗糙,间距不均匀,与原厂差别很大。

图 3-31　原厂发动机号码

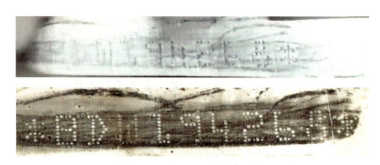

图 3-32　有问题的发动机号码一

图 3-33　有问题的发动机号码二

第 2 节　车辆过户流程

一、车辆过户基本概念

过户车辆指的是从办理完注册登记手续到达到国家强制报废标准之前进行交易并转移所有权的汽车（包括三轮汽车、低速载货汽车，即原农用运输车，下同）、挂车和摩托车。

过户顾名思义就是把车辆所有人的名称变更。

过户场所必须是依法设立、为买卖双方提供二手车集中交易和相关服务的场所。

二、过户基本流程

车辆过户一般分为三个步骤：首先要对机动车进行查验（保证车辆唯一性、有无事故），其次出具指定的二手车销售统一发票和增值税普通发票（保证买卖双方权益），最后完成车辆的转移登记（车辆所有人变更、车辆牌证变更）。下面对这三个流程做具体阐述。

三、验车

过户流程中不可缺少的一个重要环节，就是确保车辆唯一性和无重大事故。所需手续为机动车行驶证原件、机动车登记证书原件，如图 3-34 所示。

第3章 二手车鉴定评估实际操作

图3-34 验车所需手续

验车时要对车辆进行拆牌、拓号、验车、照相，如图3-35所示。

拆牌　　　　　　　　　　　　　　拓号

验车　　　　　　　　　　　　　　照相

图3-35 验车基本流程

验车的同时还应该进行车辆的违章查询和车辆环保查询，如果车辆有违章记录是无法进行转移登记的，要先处理完违章信息，而查询车辆环保并向买方告知，可避免出现转出到当地车管所因排放标准落不了档案的情况。如果已告知，买方执意迁出需书面告知。

四、出具二手车销售统一发票

审核买卖双方合同并留存档案，给买卖双方出具二手车销售统一发票和增值税发票，以保证买卖双方权益。所需手续如下：

1）机动车行驶证原件及复印件。

2）机动车登记证书原件及复印件。
3）机动车查验记录表原件及复印件。
4）原始购车发票/过户发票原件及复印件。
5）北京市小客车指标确认通知书2份。
6）买卖双方证件（身份证、买方暂住证、军官证、组织机构代码证）原件及复印件。
7）北京市旧机动车买卖合同。
8）委托代理人、委托书、代理人身份证原件及复印件。

在此环节二手车交易市场经营者和二手车经营主体应当建立完整的二手车交易购销、买卖、拍卖、经纪以及鉴定评估档案，因此上述复印件必须留存，同时开具发票过程和验车过程要受到有关工商部门监管，票据上必须盖有工商章才有法律效应。

过户最后得到的票据和合同如图3-36所示。

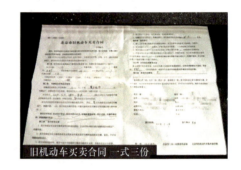

图3-36　过户票据及合同

合同一式三份，买卖双方各留存一份，市场留存一份；票据一共五联只给出发票联，其余存根联、记账联等市场保留并入档案，转移登记联车管所留存。

五、车辆转移登记

一般分为本市过户和外迁过户。
本市过户指的是在本管辖区域内完成车辆所有人的变更。所需手续如下：
1）买方身份证明原件及复印件。

2）机动车登记证书原件。

3）机动车行驶证原件。

4）北京市小客车指标确认通知书。

5）车辆正规照片2张。

6）机动车查验记录表。

7）过户发票二联。

8）委托代理人、委托书、代理人身份证原件及复印件。

9）车辆现牌照。

完成后可直接获得更名后的机动车登记证书、新的机动车行驶证和临时牌照。正式牌照统一制作并邮寄或自取。

外迁过户指的是车辆迁出本管辖区域的所有人变更。所需手续如下：

1）买方身份证明原件及复印件。

2）机动车登记证书原件。

3）机动车行驶证原件。

4）车辆正规照片。

5）机动车查验记录表。

6）过户发票二联。

7）委托代理人、委托书、代理人身份证原件及复印件。

8）车辆现牌照。

完成后只能获得临时牌照和车辆档案。一般是3~5个工作日才能提取档案或到市车辆管理总所办理。

转移登记完成后才算车辆已经完成过户，变更了所有人。

六、车辆保险变更

车辆转移登记完成后到相应的保险公司变更车辆保险受益人即可。

七、车辆过户流程表格

车辆过户流程见表3-3。

表3-3　车辆过户流程

过户流程及所需手续（以北京旧机动车交易市场为例）		
流程	具体流程	所需手续
查验车辆	1. 拓号 2. 拆车辆号牌 3. 开验车单 4. 车辆照相	1. 机动车行驶证原件 2. 机动车登记证书原件
车辆信息查询	1. 环保标准 2. 查询违章	1. 机动车行驶证原件 2. 机动车查验记录表原件

（续）

过户流程及所需手续（以北京旧机动车交易市场为例）			
办理过户	1. 复印手续 2. 填写合同、填表 3. 办理过户手续 4. 缴纳交易服务费	1. 机动车行驶证原件及复印件 2. 机动车登记证书原件及复印件 3. 机动车查验记录表原件及复印件 4. 原始购车发票/过户发票原件及复印件 5. 北京市小客车指标确认通知书2份 6. 买卖双方证件（身份证、买方暂住证、军官证、组织机构代码证）原件及复印件 7. 北京市旧机动车买卖合同 8. 委托代理人、委托书、代理人身份证原件及复印件		
转移登记	本市 1. 领取照片 2. 转移登记 3. 领回执单 4. 选车牌号 5. 办理邮寄 6. 缴费领证	外迁 1. 领取照片 2. 外迁受理 3. 收取牌照 4. 缴费打证 5. 提取档案	本市 1. 买方身份证明原件及复印件 2. 机动车登记证书原件 3. 机动车行驶证原件 4. 北京市小客车指标确认通知书 5. 车辆正规照片2张 6. 机动车查验记录表 7. 过户发票二联 8. 委托代理人、委托书、代理人身份证原件及复印件 9. 车辆现牌照	外迁 1. 买方身份证明原件及复印件 2. 机动车登记证书原件 3. 机动车行驶证原件 4. 车辆正规照片 5. 机动车查验记录表 6. 过户发票二联 7. 委托代理人、委托书、代理人身认证原件及复印件 8. 车辆现牌照

第3节 二手车事故鉴定方法

一、碰撞事故车修复鉴定

（一）碰撞事故车的定义及判定标准

1. 事故车定义

事故车为经过严重撞击、泡水、火烧，即使修复但仍存在安全隐患的车辆总称。

通过2万辆真实车辆的实车鉴定结果，其中有65%属于事故类，35%属于非事故类。其中事故车的碰撞比例见表3-4。

表3-4 事故车碰撞比例

事故种类	事故位置	比例	小计
碰撞事故	前部碰撞	55%	92%
	侧面碰撞	8%	
	尾部碰撞	29%	
泡水事故及其他事故（盐化等）			8%
火烧事故			0.01%

大量事故车的统计数据显示,占比最高的是碰撞事故,占92%,其中前部碰撞占55%,侧面碰撞占8%,尾部碰撞占29%。第二位是泡水事故及其他事故(盐化等),占8%。第三位是火烧事故,占0.01%。

事故车的判断是初级二手车鉴定评估师必须掌握的技能,下面详细介绍有关事故车的判断标准。

2. 事故车的判断标准

事故车的具体判断标准见表3-5。

表3-5 事故车判断标准

序号	撞击区域	骨架部位	判定基准
1	前部撞击	车架前纵梁	1. 有切割更换痕迹 2. 有弯曲变形或其他修复痕迹
2		减振器座	1. 减振器座或前翼子板内板有切割更换痕迹 2. 有从外部或通过外板冲击导致的凹坑损伤,或有修复痕迹
3		防火墙	1. 有切割更换痕迹 2. 有从外部或通过外板冲击导致的凹坑损伤,或有修复痕迹
4	侧部撞击	立柱(A、B、C柱)	1. 有切割更换痕迹 2. 有重新焊接痕迹 3. 由于外部撞击直接或间接导致凹陷损伤,或有其他的修复痕迹
5		上下边梁	有切割更换痕迹
6		后翼子板内板	1. 有切割更换痕迹 2. 有从通过立柱冲击导致的凹坑损伤,或有修理痕迹
7	后部撞击	行李舱底板	1. 有切割更换痕迹 2. 变形或修复痕迹占底板一半及以上
8		车架后纵梁	1. 有切割更换痕迹 2. 有弯曲变形或其他修复痕迹
9	翻车	车顶	有切割更换痕迹

(二)汽车工艺的认知

初级二手车鉴定评估师需要了解整车制造工艺,了解检测对象,基本上掌握原厂工艺与修复后的区别。有一个快速入门的关键点,就是处处以新车为标准,要经常去汽车4S店仔细观察新车,这样再碰到与新车同类型的二手车时,就能够比较出它们的不同点,从而做好二手车的鉴定工作。

1. 整车制造工艺

(1)焊接方式

1)电阻点焊。电阻点焊如图3-37所示。

电阻点焊的特点:

① 效率高,成本低。

图 3-37 电阻点焊

② 将置于两电极之间的工件加压,并在焊接处通以电流,利用电流通过工件本身的电阻产生的热量来加热,从而形成局部熔化,断电冷却后,在压力的继续作用下形成牢固的接头。

③ 由于电阻点焊的特性,使其具有锻压的特征,并会在表面留下直径统一的熔合焊点,而且由于原厂加工工艺的限定,其分布一般都是均匀的。

以电阻点焊方式拼接的工件如因事故需要重新焊接,一般的维修厂无点焊设备,大都以气体保护焊的方式处理,并且会对表面进行修补,使维修位置看起来和原厂的电阻点焊无差异,但不会对背面的维修位置做处理,所以在检查时应尽可能地分辨返修痕迹。电阻点焊与气体保护焊的区别如图 3-38 所示。

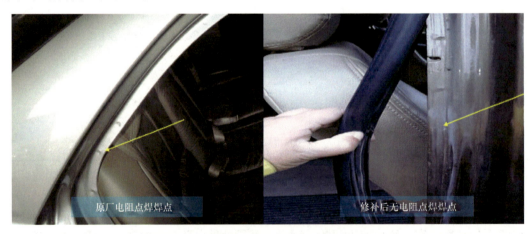

图 3-38 电阻点焊与气体保护焊的区别

2)激光焊。激光焊如图 3-39 所示。

激光焊的特点:

① 激光焊热量集中,影响区域小,无焊渣,工艺复杂,对焊接形状和布局有要求,成本高。

② 激光焊主要运用于车顶与侧围的拼焊,以及底板和侧围与车顶横梁的焊接。

③ 激光焊一般由机器人进行作业,因此其表面较为光滑,无气孔残留,整条焊缝紧贴型面,无扭曲。

图 3-39 激光焊

（2）典型用胶

1）折边胶。折边胶主要用于车门、发动机舱盖和行李舱盖外板的包边，代替焊点连接内、外盖板，避免车身表面出现焊接造成的凹坑，提高车身的外观质量。查验方法：仔细观察密封胶是否存在也是排查该零件是否更换的依据，一般在发生严重事故之后，四个车门、发动机舱盖和行李舱盖如果维修成本过高，基本上都是以更换为主，就算是使用原厂配件，很多修理厂基于成本考虑也不会去涂密封胶。折边胶如图 3-40 所示。

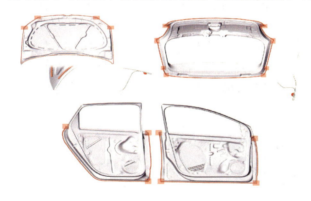

图 3-40 折边胶

2）膨胀胶。膨胀胶主要用于发动机舱盖、行李舱盖、顶盖和车门等内外板之间，用来减弱行车中的振动和噪声，增加整车的舒适性。涂膨胀胶时一般分为条状膨胀胶和点状膨胀胶，条状膨胀胶的断面尺寸为直径约 8mm 的半圆弧，每段长度 60~80mm，段与段的间隔约 40mm；点状膨胀胶的直径约为 20mm（视板件之间距离进行调整），相邻胶点的间隔一般大于 50mm。膨胀胶如图 3-41 所示。

3）密封胶。密封胶主要用于前围、侧围

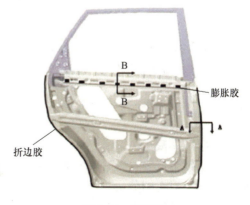

图 3-41 膨胀胶

和地板等处的密封,以实现防水、防尘和防锈,并防止灰尘等进入插头部位,如图 3-42 所示。点焊密封胶的断面尺寸为直径约 3mm 的半圆弧,圆心离边界 7mm。

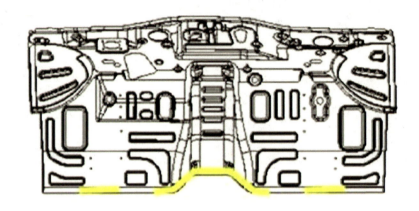

图 3-42 密封胶

4)隔振胶。隔振胶、隔振胶片主要用于车门防撞梁与外板之间,以及侧围外板与加强板、骨架之间,目的是通过隔振胶片中橡胶分子的松弛作用,在受力作用下产生位移和形变,使应力均匀分散,从而消耗掉外界施加的能量,消除或减弱应力对钢板的影响,增强抗疲劳性,避免裂纹的产生,从而起到连接、防噪、减振、粘接、加强作用。隔振胶如图 3-43 所示。

5)结构胶。结构胶主要用于外板件和外板加强件之间的密封连接,用来替代点焊(外板表面不允许有焊点或可焊性差),提高刚度和密封性,防止水、灰尘等进入车身内部,因此要求黏结强度高。结构胶的断面尺寸为直径约 3mm 的圆,胶涂在距离零件边缘 7mm 左右的位置,如图 3-44 所示。

图 3-43 隔振胶

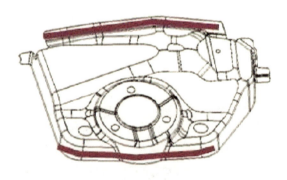

图 3-44 结构胶

2. 事故修复工艺

汽车钣金修复是一种汽车修理技术手段,是指汽车发生碰撞后要对车身进行修复,包括汽车车身损伤的分析、车身的测量、车身钣金的整形、拉伸校正、去应力焊接,以及汽车车身附件装配、调整等工作。

（1）钣金修复常用工具

钣金修复常用工具如图 3-45 所示。

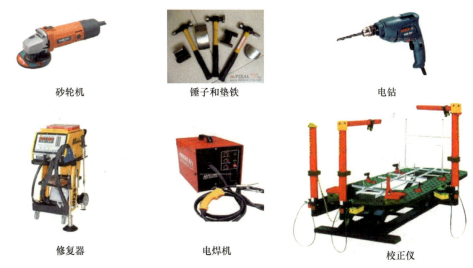

图 3-45　钣金修复常用工具

1）砂轮机：用于打磨漆面、锈迹，切割钣金件。
2）锤子和垫铁：用来敲校整形钣金件。
3）电钻：用于钻孔，去除旧焊点。
4）修复器：用来修复外观钣金件。
5）电焊机：焊接钣金切口、连接焊接。
6）校正仪：校正车身较硬的结构件，提供车身校正数据。

（2）钣金修复流程

1）钣金整形流程。钣金整形流程如图 3-46 所示。

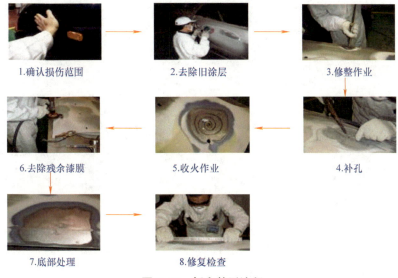

图 3-46　钣金整形流程

2）钣金切焊更换流程。钣金切焊更换流程如图3-47所示。

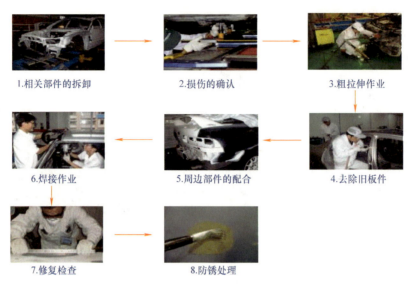

图 3-47　钣金切焊更换流程

（三）骨架损伤的判断方法

乘用车的车身骨架结构如图3-48所示。

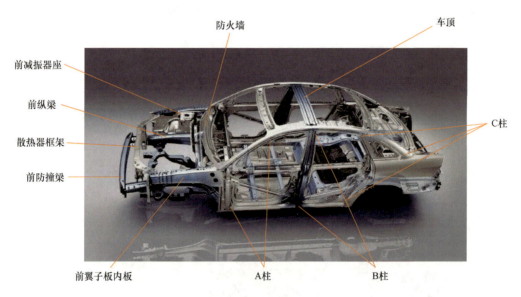

图 3-48　车身骨架结构

车身骨架钢板结构如图3-49所示。

图 3-49　车身骨架钢板结构

1. 可见伤判断

车身骨架可见伤最常见的缺陷是变形，是指部件有移位、锈蚀、原胶开裂、原胶缺失等情况。车身前部骨架变形如图 3-50 所示。

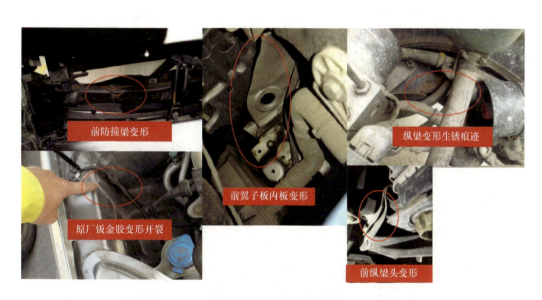

图 3-50　前部骨架变形

车身中部骨架变形如图 3-51 所示。
车身尾部骨架变形如图 3-52 所示。

图 3-51 中部骨架变形

2. 修复伤判断

（1）整形定义

部件有锤击、拉伸、校正固定、筋线不一致、安装不良的钣金痕迹。

（2）切割焊接定义

部件有密封胶重打、密封胶修补、某些焊点与原厂焊点不一致、焊补的钣金痕迹。

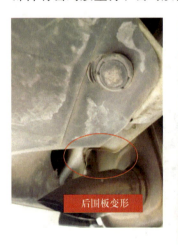 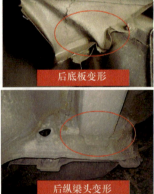 

图 3-52 尾部骨架变形

（3）判断车身结构损伤的类型

通过寻找车身骨架部件的损伤位置，准确找到撞击点，然后经过综合判断，最后确定该部件是否经过整形、切焊或者更换。三个判断点归纳如下：

1）部件损伤位置。

2）对应撞击点。

3）综合判断。

（4）车身结构损伤部位

1）前后防撞梁。

① 整形。前后保险杠是汽车被动安全装置的第一道防线，它通过25mm左右的变形能够吸收汽车碰撞的大部分能量。前后防撞梁是汽车被动安全装置的第二道防线，又称前后杠骨架。防撞梁是一种用来减轻车辆受到振动力的装置，尽可能减小撞击力对车身纵梁的损害。前防撞梁如图3-53所示。

前防撞梁由于硬度大，不易整形修复，大多数进行更换处理。虽然前防撞梁不容易进行整形修复，但是在实际的工作中，仍然存在整形修复的情况，因此准确判断整形修复的内容主要从以下几个方面进行检查。

a. 观察表面是否平整。

b. 观察部件内里（不易整形）是否有敲校痕迹。

c. 观察部件制造工艺孔（吸能孔）是否变形。

d. 观察部件漆面是否开裂、有锈迹。

e. 观察原厂漆面是否均匀，是否有掉漆情况。

f. 观察固定螺栓、固定焊点是否有拆卸情况。

g. 寻找撞击点。

h. 综合判断。

② 切焊、更换。前防撞梁切焊、更换如图3-54所示。

图3-53 前防撞梁

图3-54 前防撞梁切焊、更换

前防撞梁切焊、更换判断主要从以下几个方面进行检查。

a. 观察部件与其他部位连接焊点是否有烧红或烧黑（与纵梁连接处）痕迹。

b. 观察整体部件切口和锈蚀（与纵梁连接处）。

c. 观察部件油漆新旧程度。

d. 防撞梁大部分用固定螺栓连接，若更换必须拆下固定螺栓。

e. 若是焊接式前防撞梁，更换必须进行切焊，可通过查看与纵梁连接处焊锡、焊点进行判断。

f. 原厂防撞梁有防锈漆，后期更换可能存在不做防锈情况，可通过锈蚀进行判断。

g. 寻找撞击点。

h. 综合判断。

2）散热器框架。

① 散热器框架连接方式。散热器框架俗称龙门架，是个异形件。金属散热器框架敲校不易整形，显见钣金痕迹；塑料材质散热器框架以更换为主，可用胶粘接维修，粘接痕迹明显。散热器框架连接方式如图 3-55 所示。

② 散热器框架整形。散热器框架整形如图 3-56 所示。

图 3-55　散热器框架连接方式

图 3-56　散热器框架整形

整形判断依据：

a. 观察表面是否平整。

b. 观察原厂胶是否有开裂（前后、左右对比）。

c. 观察部件内里（不易整形）是否有敲校痕迹。

d. 观察部件制造工艺孔（吸能孔）是否变形。

e. 观察部件漆面是否开裂、有锈迹。

f. 观察原厂漆面是否均匀，是否有掉漆情况。

g. 寻找撞击点。

h. 综合判断。

③ 散热器框架切焊、更换。散热器框架切焊、更换如图 3-57 所示。

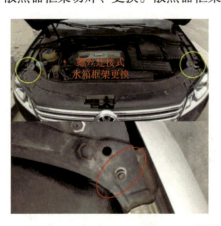

图 3-57　散热器框架切焊、更换

判断螺栓连接式散热器框架是否更换的依据如下：

a. 观察散热器框架螺栓拆卸痕迹。

b. 观察机盖、两个前翼子板、机盖锁是否有螺栓拆装或钣金修复，以及喷涂修复油漆痕迹。

c. 观察是否有标签，是否为原厂或后贴，是否整齐。

d. 寻找撞击点。

e. 综合判断。

判断焊接连接式散热器框架是否更换的依据如下：

a. 观察框架与两个前翼子板内侧原装焊点是否完好。

b. 观察是否有切割修焊痕迹，两个前翼子板内侧与散热器框架是否有原装焊点。

c. 观察钣金胶是否完好，是否有重新打胶痕迹。

d. 寻找撞击点。

e. 综合判断。

3）前后纵梁（梁头）。

① 前后纵梁（梁头）整形。前后纵梁（梁头）整形如图3-58所示。

整形判断依据：

a. 观察表面是否平整。

b. 观察原厂胶是否有差异（左右对比）。

c. 观察部件周边（不易整形）是否有敲校痕迹。

d. 观察部件制造工艺孔（吸能孔）是否变形。

e. 观察部件漆面是否开裂、有锈迹。

f. 观察原厂漆面是否均匀，是否有掉漆情况。

g. 寻找撞击点。

h. 综合判断。

② 前后纵梁切焊、更换。前后纵梁切焊、更换如图3-59所示。

图3-58 前后纵梁（梁头）整形

图3-59 前后纵梁切焊、更换

切焊、更换判断依据：

a. 观察原厂胶是否有差异（左右对比）。

b. 观察部件与其他部位连接焊点是否有烧红或烧黑痕迹。

c. 观察整体部件切口和锈蚀。

d. 观察部件油漆新旧程度。

e. 观察是否有后涂抹腻子。

f. 焊点间隔和位置是否不均匀（可左右对比）。

g. 机盖、翼子板、散热器框架、减振器等相关附件是否有拆装痕迹。

h. 另外一侧纵梁钣金是否有整形痕迹。

i. 发动机是否有吊装痕迹。

j. 仪表台是否有拆装痕迹；寻找撞击点；综合判断。

4）前后翼子板内板及减振器座。

翼子板内板又称翼子板加强梁。减振器座用于安装减振器，支撑车身，大多数车型翼子板内板和减振座为一个总成件。

① 前后翼子板内板及减振器座整形。前后翼子板内板及减振器座整形如图3-60所示。

整形判断依据：

a. 观察表面是否平整。

b. 观察原厂胶是否有差异（左右对比）。

c. 观察部件周边（不易整形）是否有敲校痕迹。

d. 观察部件制造工艺孔（吸能孔）是否变形。

e. 观察部件漆面是否开裂、有锈迹。

f. 观察原厂漆面是否均匀，是否有掉漆情况。

g. 寻找撞击点。

h. 综合判断。

② 前后翼子板内板及减振器座切焊、更换。前后翼子板内板及减振器座切焊、更换如图3-61所示。

图3-60 前后翼子板内板及减振器座整形

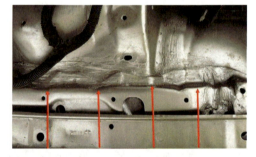

图3-61 前后翼子板内板及减振器座切焊、更换

切焊、更换判断依据：

a. 观察原厂胶是否有差异（左右对比）。

b. 观察部件与其他部位连接焊点是否有烧红或烧黑痕迹。

c. 观察整体部件是否有切口和锈蚀。

d. 观察部件油漆新旧程度。

e. 观察是否有后涂抹腻子。

f. 观察悬架附件是否有拆卸痕迹。

g. 寻找撞击点。

h. 综合判断。

5)防火墙。

① 防火墙整形。防火墙整形如图 3-62 所示。

整形判断依据：

a. 观察表面是否平整。

b. 观察原厂胶是否有差异（左右对比）。

c. 观察部件周边（不易整形）是否有敲校痕迹。

d. 观察部件制造工艺孔（吸能孔）是否变形。

e. 观察部件漆面是否开裂、有锈迹。

f. 观察原厂漆面是否均匀，是否有掉漆情况。

g. 寻找撞击点。

h. 综合判断。

需要注意的是，防火墙在很多情况下都有防火棉包裹，在检查防火墙时，可拆开防火棉进行观察。

② 防火墙切焊、更换。防火墙切焊、更换如图 3-63 所示。

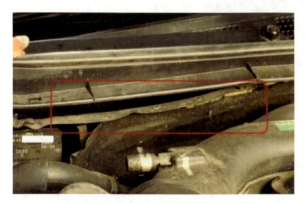

图 3-62　防火墙整形

图 3-63　防火墙切焊、更换

切焊、更换判断依据：

a. 观察原厂胶是否有差异（左右对比）。

b. 观察部件与其他部位连接焊点是否有烧红或烧黑痕迹。

c. 观察整体部件是否有切口和锈蚀。

d. 观察部件油漆新旧程度。

e. 观察是否有后涂抹腻子。

f. 观察仪表台及发动机等是否有拆卸痕迹。

g. 寻找撞击点。

h. 综合判断。

6)立柱（A、B、C、D 柱）。

① 普通乘用车的侧围总成如图 3-64 所示。

普通乘用车的侧围总成由 A 柱、B 柱、C 柱、后翼子板组成。

② 立柱整形、切焊。立柱整形、切焊如图 3-65 所示。

左右 D 柱钣金胶差异如图 3-66 所示。

图 3-64　普通乘用车的侧围总成

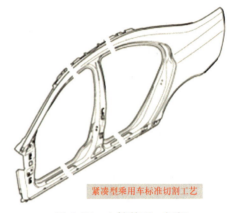

图 3-65　立柱整形、切焊

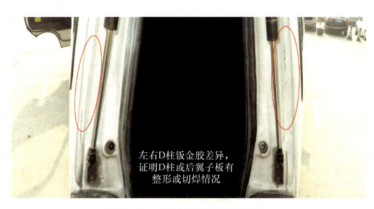

图 3-66　左右 D 柱钣金胶差异

由图 3-66 可见，可观察到左右后导水槽钣金胶差异，由此确定右 D 柱曾做过钣金，具体是切割焊接还是整形，需进一步判断。

③ 立柱整形。立柱整形如图 3-67 所示。

整形判断依据：

a. 观察表面是否平整。

b. 观察部件内里（不易整形）是否有敲校痕迹。

c. 观察部件漆面是否开裂、有锈迹。

d. 观察原厂漆面是否均匀，是否有掉漆情况。

图 3-67　立柱整形

e. 观察部件表面是否有腻子痕迹。

f. 观察车门铰链及门锁扣是否有拆卸痕迹。

g. 寻找撞击点。

h. 综合判断。

钣金修复痕迹：门柱是车身结构件，高强度，校正时必定留有钣金敲校痕迹，痕迹不平整粗糙。

④ 立柱切焊、更换。A柱、B柱切焊更换的判断依据：

扯开胶条，修复后焊点与原厂焊点会有差异，观察是否有钣金切口，是否焊点间隔和位置不均匀，如图3-68所示。

切焊、更换判断依据：

a. 观察部件与其他部位连接焊点是否有烧红或烧黑（扯胶条）痕迹。

b. 观察整体部件是否有切口和锈蚀（扯胶条）。

c. 观察部件油漆新旧程度。

d. 观察是否有后涂抹腻子痕迹。

e. 寻找撞击点。

f. 综合判断。

图3-68 A柱、B柱切焊更换

原厂焊点与修复后焊点对比如图3-69所示。

  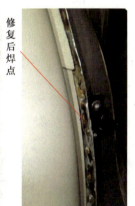

图3-69 原厂焊点与修复后焊点对比

钣金接合面焊点相比原厂焊点，其间隙不均匀、位置不规则，有锈蚀，如果立柱有切割焊接痕迹，可判定立柱切焊。

⑤ 后翼子板切焊、更换。后翼子板切焊、更换如图3-70所示。

后翼子板切焊如图3-71所示。

图3-70 后翼子板切焊、更换　　　图3-71 后翼子板切焊

后翼子板焊接如图 3-72 所示。

切焊、更换判断依据：

a. 观察原厂胶是否有差异（左右对比）。

b. 观察部件与其他部位连接焊点是否有烧红或烧黑痕迹（扯胶条）。

c. 观察整体部件是否有切口和锈蚀（扯胶条）。

d. 观察部件油漆新旧程度。

e. 用手敲击部件，感受质量好坏。

f. 观察是否有后涂抹腻子痕迹。

g. 观察后风窗玻璃密封条是否平整。

h. 观察落水槽焊点间隙和位置是否均匀。

i. 观察后翼子板内板焊点和 C 柱焊点。

j. 拉扯密封条观察焊点或切口；寻找撞击点；综合判断。

图 3-72　后翼子板焊接

左后翼子板上点焊如图 3-73 所示。从图中可见，左后尾灯座钣金修复痕迹明显，且与翼子板连接处有焊点痕迹，请注意判断左后翼子板是否为切割更换。

从图中可见，左后翼子板没有更换，图中圆圈处是原厂焊点，原厂焊点没有破坏，证明左后翼子板没有更换。而三个黑色焊点是用来焊接拉伸环的，以便在校正仪上拉伸左后翼子板。

7）上下边梁。

① 上下边梁整形。上下边梁整形如图 3-74 所示。

图 3-73　左后翼子板上点焊

图 3-74　上下边梁整形

整形判断依据：

a. 观察表面是否平整。

b. 观察部件内里（不易整形）是否有敲校痕迹。

c. 观察部件漆面是否开裂、有锈迹。

d. 观察原厂漆面是否均匀，是否有掉漆情况。

e. 观察上下边梁外板是否有做漆修复和腻子痕迹。

f. 观察下边梁是否有重新喷涂粒粒胶痕迹。

g. 寻找撞击点。

h. 综合判断。

② 上边梁切焊、更换。上边梁切焊如图 3-75 所示，更换如图 3-76 所示。

图 3-75　上边梁切焊

图 3-76　上边梁更换

切焊、更换判断依据：

a. 观察原厂胶是否有差异（左右对比）。

b. 观察部件与其他部位连接焊点是否有烧红或烧黑痕迹（扯胶条）。

c. 观察整体部件是否有切口和锈蚀（扯胶条）。

d. 观察部件油漆新旧程度。

e. 观察是否有后涂抹腻子。

f. 寻找撞击点。

g. 综合判断。

③ 下边梁切焊、更换。下边梁切焊、更换如图 3-77 所示。

下边梁焊接如图 3-78 所示。

图 3-77　下边梁切焊、更换

图 3-78　下边梁焊接

切焊、更换判断依据：

a. 观察原厂胶是否有差异（左右对比）。

b. 观察部件与其他部位连接焊点是否有烧红或烧黑痕迹（扯胶条）。

c. 观察整体部件是否有切口和锈蚀（扯胶条）。

d. 观察部件油漆新旧程度。

e. 用手敲击部件，感受质量好坏。

f. 观察是否有后涂抹腻子。

g. 观察是否后涂抹粒粒胶。

h. 寻找撞击点。

i. 综合判断。

8）车顶切焊、更换。

车顶切焊、更换如图3-79所示。

切焊、更换判断依据：

a. 观察部件与其他部位连接焊点是否有烧红或烧黑痕迹（扒开车顶内饰板）。

b. 观察整体部件是否有切口和锈蚀（扒开内饰板）。

c. 观察部件油漆新旧程度。

d. 用手敲击部件，感受质量好坏。

e. 观察是否有后涂抹腻子。

f. 观察前后玻璃是否更换。

g. 观察前后车顶横梁处是否有重新烧焊痕迹。

h. 观察车顶中间横梁是否有重新烧焊痕迹。

i. 寻找撞击点。

j. 综合判断。

图3-79 车顶切焊、更换

9）后围板。

① 后围板整形。汽车后围板多为双层钣金焊接件，通过焊接与车身连接，后围板不易修复，修复后整形钣金痕迹明显，如图3-80所示。

整形判断依据：

a. 观察表面是否平整（是否有夹具痕迹）。

b. 观察原厂胶是否有差异（前后、左右对比）。

c. 观察部件内里（不易整形）是否有敲校痕迹。

d. 观察部件制造工艺孔（吸能孔）是否变形。

e. 观察部件漆面是否开裂、有锈迹。

f. 观察原厂漆面是否均匀，是否有掉漆情况。

g. 寻找撞击点。

h. 综合判断。

图3-80 后围板整形

② 后围板切焊、更换。后围板切焊、更换如图3-81所示。

切焊、更换判断依据：

a. 观察原厂胶是否有差异（左右对比）。

b. 观察部件与其他部位连接焊点是否有烧红或烧黑痕迹（扯胶条）。

c. 观察整体部件是否有切口和锈蚀（扯胶条）。

d. 观察部件油漆新旧程度。

e. 观察是否有后涂抹腻子。

f. 观察后围板与后底板连接处钣金胶是否有差异。

g. 拉扯胶条观察后围板是否有焊接痕迹，焊接点是否有锈蚀。

h. 寻找撞击点。

i. 综合判断。

图3-81　后围板切焊、更换

如果后围板有修复更换痕迹，应注意观察行李舱盖、后底板、后叶内侧、后防撞梁。

10）后行李舱底板。

① 后行李舱底板整形。后行李舱底板整形如图3-82所示。

整形判断依据：

a. 观察表面是否平整。

b. 观察原厂胶是否有差异（前后、左右对比）。

c. 观察部件内里（不易整形）是否有敲校痕迹。

d. 观察部件制造工艺孔（吸能孔）是否变形。

e. 观察部件漆面是否开裂、有锈迹。

f. 观察原厂漆面是否均匀，是否有掉漆情况。

g. 取出备胎，观察备胎框是否有修复痕迹。

h. 观察左右两边原厂胶是否一致。

i. 通过底盘观察底部是否有重新打胶痕迹。

j. 寻找撞击点；综合判断。

图3-82　后行李舱底板整形

后行李舱底板一般包含备胎框，是车身结构件，它的整形缺陷不会影响车辆美观，一般很少更换。

② 后行李舱底板切焊、更换。后行李舱底板切焊、更换如图3-83所示。

切焊、更换判断依据：

a. 观察原厂胶是否有差异（左右对比）。

b. 观察部件与其他部位连接焊点是否有烧红或烧黑痕迹（取出行李舱饰板和备胎）。

c. 观察整体部件是否有切口和锈蚀（取出饰板）。

d. 观察部件油漆新旧程度。

图3-83　后行李舱底板切焊、更换

e. 观察是否有后涂抹腻子。

f. 备胎框内侧左右对比焊点及原厂胶涂抹情况。

g. 观察底盘底部原厂胶涂抹情况。

h. 寻找撞击点。

i. 综合判断。

11）后窗台板。

① 后窗台板整形。后窗台板整形如图3-84所示。

整形判断依据：

a. 观察表面是否平整。

b. 观察部件周围（不易整形）是否有敲校痕迹。

c. 观察部件制造工艺孔（吸能孔）是否变形。

d. 观察部件漆面是否开裂、有锈迹。

e. 观察原厂漆面是否均匀，是否有掉漆情况。

图3-84　后窗台板整形

f. 观察导水槽是否有重新做腻子及打胶情况。

g. 观察左右后围板内侧是否有修复情况。

h. 寻找撞击点。

i. 综合判断。

② 后窗台板切焊、更换。后窗台板切焊、更换如图3-85所示。

在检查后窗台板时要特别注意焊点，注意焊点是否均匀，可通过观察后窗台板下部焊点判断，如图3-86所示。

图3-85　后窗台板切焊、更换

图3-86　后窗台板下部焊点

切焊、更换判断依据：

a. 观察原厂胶是否有差异（左右对比）。

b. 观察部件与其他部位连接焊点是否有烧红或烧黑痕迹（拉扯胶条，扒开饰板）。

c. 观察整体部件是否有切口和锈蚀（拉扯胶条，扒开饰板）。

d. 观察部件油漆新旧程度。

e. 观察是否有后涂抹腻子。

f. 寻找撞击点。

g. 综合判断。

二、泡水事故车修复鉴定

(一)泡水车的定义及特征

1. 泡水车定义

泡水车一般是指发动机被水泡过,车身整体浸水深度超过车轮的1/3(到门槛板),车身底部部件与水长时间接触的汽车,这样的汽车危险系数很大,如图3-87所示。

图3-87 正常车与泡水车

大多数保险公司在车辆发生泡水保险事故时,会根据车身的泡水深度将泡水车等级分为6级,如图3-88所示。这与二手车泡水车判断标准有所不同,请不要混为一谈。

图3-88 保险公司泡水车等级

2. 泡水车常见特征

1)气味:霉味或过浓的香味。

2）锈蚀：底盘部件、行李舱、随车工具、备胎轮毂、座椅、导轨（螺钉）、转向柱、仪表台骨架等。

3）霉点：发动机缸体、变速器箱体、安全带等。

4）泥沙：缝隙处、出风口、熔丝盒等。

5）水渍：B柱内饰板里面的地毯。

6）拆卸：多数内饰板件、仪表台、座椅螺钉、线束等。

7）触感：座椅生硬、顶篷松垮、地毯不平起毛球等。

泡水车内饰地板水印如图 3-89 所示。

座椅拆卸锈蚀如图 3-90 所示。

仪表台转向柱锈蚀如图 3-91 所示。

图 3-89　内饰地板水印

图 3-90　座椅拆卸锈蚀

图 3-91　仪表台转向柱锈蚀

OBD 接口无法清理干净的泥沙如图 3-92 所示。

点烟器内部锈蚀且有泥沙，如图 3-93 所示。

图 3-92　OBD 接口无法清理干净的泥沙

图 3-93　点烟器内部锈蚀且有泥沙

空调出风口内部泥沙如图 3-94 所示。

图 3-94　空调出风口内部泥沙

仪表台台板附着泥沙且内部骨架锈蚀,如图 3-95 所示。

(二)泡水车的辨别方法

1. 闻

判断是否属于泡水车,最简单的办法就是进入车内闻味道。即使泡水车内饰经过全面清洗,依旧会有一股霉味,只要坐在车内仔细闻一下就可以了。当然,也不排除有部分车主为了掩盖霉味,会在车内喷香水。

2. 看

打开行李舱并掀起盖板,看看角落处是否有水迹;观察随车工具的锈蚀情况;观察底盘附件,如螺栓、连杆、摆臂等,如图 3-96 所示。

图 3-95 仪表台台板附着泥沙且内部骨架锈蚀

图 3-96 底盘附件锈蚀

行李舱地板泥沙如图 3-97 所示。

座椅导轨锈蚀如图 3-98 所示。

图 3-97 行李舱地板泥沙

图 3-98 座椅导轨锈蚀

观察座椅导轨、转向柱、仪表台内架、座椅底部的金属支架，如果有比较明显的锈蚀情况，就能基本确定这个地方是被水浸泡过的。

有些铝制品的外表上有异常的"霉点"或发动机舱异常干净也需要注意，如图3-99所示。

波纹线包裹住的电线泥沙如图3-100所示。

图3-99 发动机舱异常干净

图3-100 波纹线包裹住的电线泥沙

图3-101 检查空调出风口泥沙

检查空调出风口泥沙如图3-101所示。

检查空调出风口、波纹线包裹的电线等，只要被泥水浸泡过，一定会留有污泥。这些地方是很难清理干净的。

塑料件拆卸清洗以后，经过暴晒，或多或少会出现变形，如图3-102所示。

塑料件再次装车时缝隙明显会增大，如图3-103所示。

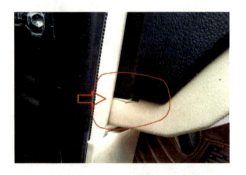

图3-102 塑料件变形

图3-103 塑料件缝隙明显增大

3. 触摸

检查座椅、顶篷、地毯，看是否有座椅生硬、顶篷松垮、地毯不平起毛球等现象。顶篷一般是用胶连接的，在泡水之后，重量增加，可能会与车顶脱离并产生缝隙，导致顶篷松垮。按压座椅如图3-104所示。

触摸地毯如图3-105所示。

图 3-104　按压座椅

图 3-105　触摸地毯

三、火烧事故车修复鉴定

（一）火烧车的定义及特征

1. 火烧车定义

火烧车是指有明显局部火烧痕迹，且火烧面积超过车辆总面积的 1/4（包括发动机舱 / 驾驶室 / 客舱 / 行李舱等）的车辆，如图 3-106 所示。

发生火烧的原因：

1）漏油。
2）漏电。
3）机械摩擦。
4）电路短路、电阻过大。
5）外界因素。

（二）火烧车的辨别方法

正常车与火烧车的痕迹对比如图 3-107 所示。

图 3-106　火烧车

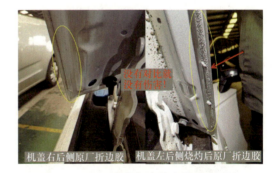

图 3-107　正常车与火烧车的痕迹对比

正常车与火烧车减振器钣金胶对比如图 3-108 所示。

防火墙内部残留灭火器干粉如图 3-109 所示。

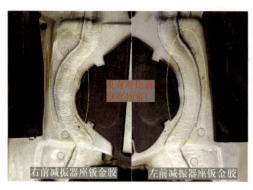 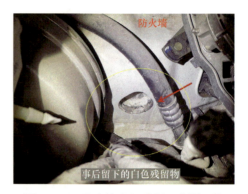

图 3-108　右前原厂胶，左前后修复钣金胶　　图 3-109　防火墙内部残留灭火器干粉

火烧车查验方法：

1）检查发动机舱线束，观察是否有瘤状、灼烧、熏黑、干粉等痕迹。

2）检查线束接口是否与新线束一致。

3）检查熔丝盒是否有更换，或灼烧、熏黑、干粉痕迹。

4）检查车身各夹层板内部是否有灼烧、熏黑、干粉痕迹。

5）检查机舱板件（机盖、防火墙、减振器座等）是否有灼烧痕迹。

6）检查发动机舱、车厢内或行李舱内是否有灼烧、熏黑、干粉痕迹。

7）将座椅翻起，掀开覆盖物查看地板是否有灼烧、熏黑、干粉痕迹。

8）留意车内是否有刺鼻的气味和烧焦的味道。

第 4 章

实验教学部分

1. 实验目的

初级二手车鉴定评估师是专门课程,前面已经学习了理论部分,本部分为实验部分,需通过本部分实验巩固和延伸理论学习成果,做到理论联系实际,理论指导实践。考虑到中等职业技术学校的在校学生缺乏感性知识和没有经过岗位实践,本部分旨在为学生毕业后走上二手车鉴定评估工作岗位打下坚实基础。

2. 实验任务

在学生完成本门课程(即理论支撑)的学习之后,在二手车鉴定评估专业理实一体化教师的指导下,通过实验获得以下能力。

1)能够识别部件。掌握汽车整车的组成,掌握发动机、底盘、电气设备、车身的组成,能够识别每个系统内的总成和部件并说出功能。

2)能够动手测量。利用简单的仪器设备及工具,对二手车的技术状况进行初步的检测,从而能够初步判断事故车和非事故车。

3)能够检查车辆。对《二手车鉴定评估技术规范》(GB/T 30323-2013)规定的 113 项车辆检测有比较深刻的理解。

3. 实验安排

1)时间。共有十个实验项目,共 50 学时,每个项目 5 学时,每天 5 学时,共用 10 天完成。上午有效学习时间 3 学时,下午有效学习时间 2 学时。

2)检测记录序号。实验项目中,检测记录的序号来自 GB/T 30323-2013 中的表 2、表 5、表 7、表 8、表 9、表 10、表 11、表 12。

3)工作页。每个实验完成后,每名学生须交工作页"二手车鉴定评估作业表"。工作页样式是 GB/T 30323-2013 中的附录 A。

4. 教学条件

1)厂房。宽敞、通风、光线良好,具有消防设施,电教设备的厂房,面积不小于 $100m^2$,高度满足安装车辆举升机的高度需要。

2)教师。应由汽车专业理实一体化教师担任授课工作,具有汽车专业和二手车流通专业知识。一位教师指导学生人数不超过 10 名,使用一套教具和一辆整车。如果多于 10 名学生同时实验,应按每 10 名学生增加一位教师和一套教具、一辆整车。

3）教具。共需发动机散件1套、教具台6台、白车身1台，包括发动机全套散件1套、发动机教具台（能发动）1台、传动系统教具台1台、行驶系统教具台1台、转向系统教具台1台、制动系统教具台1台、全车电气设备教具台1台以及电泳底漆或喷过面漆的白车身1台。

4）整车。车型应尽量新，配置尽可能多，必须满足113项检测需要。

5）设备、工具、量具、仪器。

① 配备1套的有汽车举升机（双柱式、小剪式、埋地双柱式均可）、套装组合工具（盒内不要英制套筒）、解码器（通用车型，型号应尽量新，蓝牙通信，车型软件尽量全）、冰点检测仪、制动液含水量检测仪、汽车空调专用温度计（棒式温度计、热电偶温度计、双金属温度计、电阻温度计均可）。

② 可配备1套以上的有漆膜厚度仪、轮胎气压表、强光手电筒、轮胎花纹深度尺、10m盒尺、钢板尺。

5. 安全须知

（1）工作场地安全

1）厂房内始终保持工作场地干净，以保护自己和他人免受伤害。

2）工作时不要采取不舒服的姿态，这不仅会影响工作效率，而且有可能会跌倒和伤害自己。

3）操作旋转工具时不要戴手套，手套可能被旋转的物体卷入，伤到自己的手。

4）用举升机提升车辆，当轮胎稍微离开地面后停止举升，轻轻晃动车辆，确认车辆牢固地支撑在举升机的托臂上。车辆举升到位后，确认锁止机构可靠锁止。

5）在检查作业中不要摇晃车辆，这样做可能导致车辆跌落，造成严重伤害。

（2）用电安全

1）如果发现电气设备有任何异常，应立即关掉开关，并告知设备管理人员。

2）如果电路中发生短路或意外火灾，在进行灭火步骤之前应首先关掉电源开关。

3）拔下插头时，不要强拉电线，而应握住插头拔出。

4）不要让电缆通过潮湿、浸油区域，并远离炽热地点和尖锐棱角。

6. 5S现场管理

5S是指在实验现场中对人员、机器、材料、方法等生产要素进行有效的管理。

1）整理。为有效利用工作场地空间，将废物及不需要的物品即时移走，将工具、设备、材料码放整齐。

2）整顿。为方便使用物品，将常用的物品放在自己身边，将偶尔使用的物品放在远离自己的地方。

3）清扫。为保持工作场地、备件、工具和设备处于洁净状态，要养成经常清扫地面、擦拭物品的良好习惯。

4）清洁。为使工作环境干净整齐，应保持合理的物品布局、照明、通风，保持货架及个人卫生，工作环境清新明亮，能够给客户带来良好的气氛。

5）素养。人人按章操作、依规行事，养成良好的职业道德，让学生通过5S获得人生境界的改变，与集体共同进步。员工素养是5S活动的核心。

实验 1 发动机结构

实验包含	识别部件、动手操作、检测记录		
理论支撑	第 1 章 二手车鉴定评估基础 第 2 节 发动机	一、发动机构造 （一）发动机分类 （二）术语和工作原理 （三）曲柄连杆机构 （四）配气机构 （五）润滑系统 （六）冷却系统	
教具准备	某车型发动机散件 1 套、某车型整车 1 台		
工具准备	组合套装工具 1 套、冰点检测仪 1 只、强光手电筒 1 只		
识别部件	曲柄连杆机构散件		2 学时
	配气机构散件		
	润滑系散件		
	冷却系散件		
	完整汽车的发动机外围机械部件		
动手操作	发动机油位检查、油质检查		1 学时
	冷却液位检查、冰点测量		
	用举升机举升、下降车辆		
检测记录	40. 机油有无冷却液进入		2 学时
	41. 缸盖外是否有机油渗漏		
	46. 发动机传动带有无老化		
	47. 油管、水管有无老化、裂痕		
	85. 发动机油底壳是否无渗漏		

实验 2　发动机电控系统结构

实验包含	识别部件、动手操作、检测记录		
理论支撑	第 1 章　二手车鉴定评估基础 第 2 节　发动机	二、发动机电控系统 （一）进气系统 （二）燃油系统 （三）点火系统 （四）电子控制系统 （五）排气系统与净化装置	
教具准备	某车型发动机教具台 1 套、某车型整车 1 台		
工具准备	组合套装工具 1 套、解码器 1 台、强光手电筒 1 只		
识别部件	进气系统		2 学时
	燃油系统		
	点火系统		
	电子控制系统		
	排气系统与净化装置		
	完整汽车的发动机外围电控系统部件		
动手操作	发动机起动、关闭		1 学时
	发动机舱内目检		
	用解码器读取车辆信息、发动机控制单元故障码		
	用举升机举升、下降车辆		
检测记录	65. 车辆起动是否顺畅（时间少于 5s，或一次起动）		2 学时
	71. 发动机在冷、热车状态下急速运转是否稳定		
	72. 急速运转时发动机是否无异响，空档状态下逐渐增加发动机转速，发动机声音过渡是否无异响		
	73. 车辆排气是否无异常		
	75. 发动机运转、加速是否正常		
	99. 排气管及消声器		

实验3　传动系统结构

实验包含	识别部件、动手操作、检测记录		
理论支撑	第1章　二手车鉴定评估基础 第3节　底盘	一、传动系统 （一）功用与组成 （二）离合器 （三）手动变速器 （四）差速器 （五）驱动轴 （六）传动轴与中间支撑 二、自动变速器 （一）功用及分类 （二）AT （三）无级变速器 （四）双离合变速器 （五）电控机械自动变速器	
教具准备	某车型传动系统教具台1套、某车型整车1台		
工具准备	组合套装工具1套、解码器1台、强光手电筒1只		
识别部件	离合器		3学时
	手动变速器		
	差速器		
	驱动轴		
	传动轴与中间支撑		
	自动变速器		
	整车的传动系统		
动手操作	用举升机举升、下降车辆		1学时
	在车下目检传动系统		
	用解码器读取自动变速器控制单元故障码		
检测记录	56. 变速杆及护罩是否完好、无破损		1学时
	81. 变速器工作是否正常、无异响		
	86. 变速器体是否无渗漏		
	89. 传动轴十字轴是否无松动		

实验 4　行驶系统结构

实验包含	识别部件、动手操作、检测记录		
理论支撑	第 1 章　二手车鉴定评估基础 第 3 节　底盘	三、行驶系统 （一）功用与分类 （二）普通悬架 （三）主动悬架 （四）车轮定位 （五）车轮与轮胎	
教具准备	某车型行驶系统教具台 1 套、某车型整车 1 台		
工具准备	组合套装工具 1 套、轮胎气压表 1 只、轮胎花纹深度尺 1 个、强光手电筒 1 只		
识别部件	被动悬架		2 学时
	主动悬架		
	车轮定位		
	车轮与轮胎		
	完整汽车的行驶系统		
动手操作	用轮胎气压表测量轮胎气压		1 学时
	用轮胎花纹深度尺测量胎冠排水槽的深度		
	用举升机举升、下降车辆		
	在车下目检行驶系统		
检测记录	28. 左前轮	90. 减振器是否无渗漏	2 学时
	29. 左后轮	91. 减振器弹簧是否无损坏	
	30. 右前轮	100. 车轮轮毂	
	31. 右后轮	105. 备胎	
	39. 轮胎	106. 千斤顶	
	79. 行驶是否无跑偏	107. 轮胎扳手及随车工具	
	80. 行驶过程中车辆底盘部位是否无异响	108. 三角警示牌	
	88. 三角臂球销是否无松动	109. 灭火器	

实验 5　转向、制动系统结构

实验包含	识别部件、动手操作、检测记录	
理论支撑	第 1 章　二手车鉴定评估基础 第 3 节　底盘 第 6 节　汽车排放与安全技术	第 3 节 四、转向系统 （一）功用与分类 （二）机械转向系统 （三）液压助力转向系统 （四）电动助力转向系统 五、制动系统 （一）功用与分类 （二）行车制动器 （三）驻车制动器 第 6 节 二、汽车主动安全技术 （一）防抱死制动系统（ABS） （二）ABS 的扩展功能
教具准备	某车型转向系统教具台 1 套、某车型制动系统教具台 1 套、某车型整车 1 台	
工具准备	组合套装工具 1 套、解码器 1 台、制动液含水量检测仪 1 台、强光手电筒 1 只	
识别部件	机械转向系统	2 学时
	液压助力转向系统	
	电动助力转向系统	
	完整汽车的转向系统	
	行车制动器	
	驻车制动器	
	完整汽车的制动系统	
动手操作	用解码器读取电动助力转向控制单元故障码	1 学时
	在发动机舱和车下目检转向系统	
	用解码器读取防抱死制动系统（ABS）控制单元故障码	
	用制动液含水量检测仪测量制动液含水百分比	
	在发动机舱和车下目检制动系统	
检测记录	53. 转向盘自由行程转角是否小于 20°	2 学时
	83. 行驶过程中车辆转向系统是否无异响	
	87. 转向节臂球销是否无松动	
	61. 驻车制动系统是否灵活有效	
	69. 防抱死制动系统（ABS）工作是否正常	
	76. 车辆起动前踩下制动踏板，保持 5～10s，踏板无向下移动的现象	
	77. 踩住制动踏板起动发动机，踏板是否向下移动	
	78. 行车制动系最大制动效能在踏板全行程的 4/5 以内达到	
	80. 制动系统工作是否正常有效、制动不跑偏	

实验6　基本电气设备结构

实验包含	识别部件、动手操作、检测记录	
理论支撑	第1章　二手车鉴定评估基础 第4节　电气设备	一、基本电气设备 （一）电源系统 （二）起动系统 （三）照明与信号系统 （四）仪表系统 四、车载网络系统 （一）车载网络概述 （二）车载网络分类
教具准备	某车型电气设备系统教具台1套、某车型整车1台	
工具准备	组合套装工具1套、解码器1台、强光手电筒1只	
识别部件	电源系统	2学时
	起动系统	
	照明与信号系统	
	仪表系统	
	完整汽车的基本电气设备	
动手操作	起动、关闭发动机	1学时
	观察各个仪表、警告灯、指示灯	
	目检基本电气设备	
	用诊断仪读取车身控制单元、仪表控制单元故障码	
检测记录	32. 前照灯	2学时
	33. 后尾灯	
	44. 蓄电池电极桩柱有无腐蚀	
	45. 蓄电池电解液有无渗漏、缺少	
	66. 仪表板指示灯显示是否正常，无故障报警	
	67. 各类灯光和调节功能是否正常	
	110. 全套钥匙	

实验 7　辅助电气设备结构

实验包含	识别部件、动手操作、检测记录		
理论支撑	第 1 章　二手车鉴定评估基础 第 4 节　电气设备	二、辅助电气设备 （一）风窗清洁系统 （二）中控锁 （三）防盗系统 （四）电动车窗 （五）电动天窗 （六）电动座椅 （七）电动后视镜 （八）电动尾门 （九）胎压监测系统 （十）信息娱乐系统 （十一）泊车辅助系统 三、汽车空调 （一）空调的功用与组成 （二）制冷系统 （三）加热系统与通风系统 （四）手动空调控制系统 （五）自动空调控制系统	
教具准备	某车型全车电气设备系统教具台 1 套、某车型整车 1 台		
工具准备	组合套装工具 1 套、解码器 1 台、汽车空调专用温度计 1 只、强光手电筒 1 只		
识别部件	风窗清洁系统 中控锁 防盗系统 电动车窗 电动天窗 电动座椅 电动后视镜 电动尾门 胎压监测系统 信息娱乐系统 泊车辅助系统 制冷系统 加热系统与通风系统 手动空调控制系统 自动空调控制系统		2 学时
动手操作	用解码器读取车身、自动空调等控制单元故障码 目检辅助电气设备 操纵验证各个辅助电气设备功能 用汽车空调专用温度计测量中央出风口的空气温度		1 学时
检测记录	37. 左后视镜	97. 前后刮水器	2 学时
	38. 右后视镜	102. 座椅调节与加热	
	58. 天窗是否移动灵活、关闭正常	103. 仪表板出风管道	
	62. 玻璃升降器、门窗工作是否正常	104. 中央集控	
	63. 左、右后视镜折叠装置工作是否正常	111. 遥控器及功能	
	68. 泊车辅助系统工作是否正常	112. 喇叭高低音色	
	70. 空调系统风量、方向调节、分区控制、自动控制、制冷工作是否正常	113. 玻璃加热功能	
	96. 各车门锁止		

实验 8　车身结构件

实验包含	识别部件、动手操作、检测记录		
理论支撑	第 1 章　二手车鉴定评估基础 第 5 节　车身	一、车身概述 （一）车身作用 （二）车身分类 （三）安全车身 二、车身结构 （一）白车身 （二）车身附件	
教具准备	某车型白车身（电泳底漆或面漆）1 套、某车型整车 1 台		
工具准备	组合套装工具 1 套、10m 盒尺 1 个、钢板尺 1 个、漆膜厚度仪 1 台、强光手电筒 1 只		
识别部件	白车身的组成		1 学时
	白车身的结构件		
	车身附件		
动手操作	用盒尺测量完整汽车的前后轮距和左右轴距		1 学时
	用钢板尺测量车体左右对称性		
	目检完整汽车的车身结构件是否有变形、扭曲、更换、烧焊、皱褶，判断是否为事故车		
	用漆膜厚度仪测量完整汽车的车身结构件漆膜厚度		
检测记录	1. 车体左右对称性	8. 左前纵梁	3 学时
	2. 左 A 柱	9. 右前纵梁	
	3. 左 B 柱	10. 左前减振器悬架部位	
	4. 左 C 柱	11. 右前减振器悬架部位	
	5. 右 A 柱	12. 左后减振器悬架部位	
	6. 右 B 柱	13. 右后减振器悬架部位	
	7. 右 C 柱		

实验 9　车身覆盖件

实验包含	识别部件、动手操作、检测记录		
理论支撑	第 1 章　二手车鉴定评估基础 第 5 节　车身 第 6 节　汽车排放与安全技术	第 5 节 二、车身结构 （三）车厢附件 （四）内部装饰 第 6 节 三、汽车被动安全技术 （一）安全带 （二）安全气囊 （三）其他被动安全装置	
教具准备	某车型白车身（电泳底漆或面漆）1 套、某车型整车 1 台		
工具准备	组合套装工具 1 套、10m 盒尺 1 个、钢板尺 1 个、漆膜厚度仪 1 台、强光手电筒 1 只		
识别部件	白车身的覆盖件		1 学时
	白车身的开闭件		
	车厢附件		
	内部装饰		
动手操作	目检完整汽车的车身覆盖件，辨别是否有划痕、变形、锈蚀、裂纹、凹陷、修复痕迹		1 学时
	目检完整车身覆盖件的焊接点，判断是否更换过覆盖件		
	用漆膜厚度仪测量车身覆盖件，辨别是否修复过		
检测记录	34. 前风窗玻璃	57. 储物盒是否无裂纹，配件是否无缺失	3 学时
	35. 后风窗玻璃	59. 门窗密封条是否良好、无老化	
	36. 四门车窗玻璃	60. 安全带结构是否完整、功能是否正常	
	42. 前翼子板内缘、散热器框架、横拉梁有无凹凸或修复痕迹	93. 发动机舱盖锁止	
	50、车内是否无水泡痕迹	94. 发动机舱盖液压撑杆	
	51. 车内后视镜、座椅是否完整，无破损、功能正常	95. 后门/行李舱液压支撑杆	
	52. 车内是否整洁、无异味	98. 支柱密封胶条	
	54. 车顶及周边内饰是否无破损、松动及裂缝和污迹	101. 车内后视镜	
	55. 仪表台是否无划痕，配件是否无缺失		

实验 10　车身喷涂

实验包含	识别部件、动手操作、检测记录		
理论支撑	第1章　二手车鉴定评估基础 第5节　车身	三、车身涂装 （一）车身防腐 （二）车身表面喷涂	
教具准备	某车型白车身（电泳底漆或面漆）1套、某车型整车1台		
工具准备	组合套装工具1套、漆膜厚度仪1台、强光手电筒1只		
识别部件	了解喷涂修补漆工艺		1学时
	识别面漆种类		
动手操作	目检完整汽车的车身覆盖件，辨别是否有划痕、变形、锈蚀、裂纹、凹陷、修复痕迹		2学时
	用漆膜厚度仪测量车身漆膜厚度		
	判断车身喷涂过修补漆的部位		
检测记录	14. 发动机舱盖表面	21. 左后门	2学时
	15. 左前翼子板	22. 右后门	
	16. 左后翼子板	23. 行李舱盖	
	17. 右前翼子板	24. 行李舱内测	
	18. 右后翼子板	25. 车顶	
	19. 左前门	26. 前保险杠	
	20. 右前门	27. 后保险杠	